Das Mieter-Set

Das Mieter-Set

Das Mieter-Set

Mietvertrag

Kaution

Mietminderung

Nebenkostenabrechnung

Alexander Bredereck
Volker Dineiger

Inhalt

Sie können die Formulare auch kostenlos online ausfüllen. Den Link und einen QR-Code finden Sie auf Seite 79.

Einleitung

Sie überlegen umzuziehen oder haben sich schon dazu entschieden? Sie wollen wissen, wie Sie das bestehende Mietverhältnis richtig beenden oder das neue am besten beginnen? Oder Sie haben einfach nur Ärger im laufenden Mietverhältnis, wollen aber noch keinen Anwalt hinzuziehen?

Wir möchten Sie in die Lage versetzen, Ihre Rechtsposition als Mieter von vornherein zu stärken und juristische Auseinandersetzungen mit Ihrem Vermieter wenn möglich zu vermeiden. Denn ein intaktes Vertrauensverhältnis zwischen Mieter und Vermieter lässt sich auch auf dem Rechtsweg nicht herstellen. Falls es später doch zu einer gerichtlichen Auseinandersetzung kommt, soll die Verwendung der Musterschreiben in diesem Buch Ihre Position maximal stärken.

→ Wir erläutern Ihnen hier die gängigsten Probleme im Bereich der Wohnungsmiete und bieten Vorschläge für eine praktische Lösung. Neben fachlichen und rechtlichen Hinweisen stellen wir Ihnen eine Reihe von Checklisten und Musterschreiben zur Verfügung, die Ihnen helfen, alle wichtigen Punkte Ihres Mietverhältnisses im Blick zu behalten und einen sicheren und unkomplizierten Schriftwechsel mit Ihrem Vermieter zu führen.

→ In den „**wichtigen Grundlagen**" ab Seite 15 geben wir Hinweise zur Zustellung von Schreiben. In der Praxis haben Mieter häufig Nachteile, weil sie den Zugang eines bestimmten Schreibens nicht beweisen können. Wer zum Beispiel den Zugang einer Kündigung beim Vermieter nicht nachweisen kann, muss unter Umständen später für Monate Miete nachzahlen, obwohl er da schon längst in seiner neuen Wohnung gewohnt hat.

Umgekehrt wäre es sehr teuer, jedes Schreiben per Einschreiben zu schicken, zumal Einschreiben für den rechtssicheren Nachweis der Zustellung nicht unbedingt ausreichen. Wir erklären Ihnen, wie Sie hier sicher vorgehen.

→ Im **zweiten Teil** werden alle wichtigen mietrechtlichen Konfliktfälle in zusammengefasster Form erläutert. Unsere Darstellung folgt Punkt für Punkt dem üblichen Verlauf eines Mietverhältnisses – vom Suchen und Bewerben an bis zur Beendigung und Abwicklung. Wichtige Dokumente wie die Mieterselbstauskunft, Mietvertrag und Hausordnung, für die es nicht die eine einheitliche Vorlage gibt, werden ausführlich kommentiert und geläufige Formulierungen von Bestimmungen aus Sicht des Mieters bewertet. Hält das Buch zu einem Problem hinten ein Musterschreiben oder eine Checkliste bereit, wird durch ein Signet (siehe „Piktogramme in diesem Ratgeber", Seite 7) auf das jeweilige Formular verwiesen.

→ Im anschließenden **Formularteil** finden Sie alle Musterschreiben und Checklisten in chronologischer Reihenfolge. Diese können Sie heraustrennen und direkt verwenden.

Das Mietrecht als Dauerbaustelle

In Ballungszentren ist der Wohnraum knapp, die Deutschen sind kein Volk der „Eigenheimbauer". In der öffentlichen Darstellung gilt das Mietrecht als mieterfreundlich, zugleich scheint das Mietrecht gefühlt dem Mieter immer weniger Schutz gegen „gewissenlose Immobilienhaie" zu bieten. Die öffentlichen Klagen von Vermietern und Maklern sind an der Tagesordnung. Beklagt wird die stetig abnehmbare Nutzbarkeit von Eigentum zum Zwecke der Vermietung, aber auch ständig zunehmende Bürokratie. In der Politik scheint eine große Mietrechtsreform die nächste zu jagen.

Wie sieht es aber tatsächlich aus? Auch 2016 (und mit Sicherheit auch 2017, wenngleich wahrscheinlich erst nach der Bundestagswahl) wird die Überarbeitung des Mietrechts großgeschrieben.

Die Rauchmelderpflicht in allen Bundesländern gilt als Erfolg des Mietrechts, wird aber wegen des bürokratischen Aufwands scharf kritisiert.

Das Bestellerprinzip im Maklerrecht, im Jahr 2015 als großer Wurf des Mietrechts gefeiert, ist vor dem Bundesverfassungsgericht gelandet. Zwar hat dieses das Bestellerprinzip gutgeheißen. Die Kritik ist aber nach wie vor groß, versteckte Kosten für den Mieter werden nach wie vor befürchtet.

Die Mietpreisbremse, eines der mietrechtlichen Großprojekte der letzten zehn Jahre, scheint mehr als löchrig. Tatsächlich sind die Umgehungsbemühungen täglich erkennbar. Mietwohnungen werden umgewandelt in Eigentumswohnungen. Wohnraum wird möbliert vermietet, um die Bindungen aus der Mietpreisbremse zu umgehen.

Die energetische Sanierung von Wohnraum – grundsätzlich ein sinnvolles Projekt – scheint zum Bürokratiemonster zu werden und sorgt für mehr Ärger als Nutzen, zumindest im Moment. Daran wird auch die Novelle der EnEV im Jahre 2016 nichts ändern.

Großprojekte im Mietrecht aktuell sind wieder Instrumente der Mietpreisschrauben. Die Bundesregierung möchte die Grenzen für Mieterhöhungen nach Modernisierung und Sanierung abermals absenken, der Um-

UNSER RAT

Piktogramme in diesem Ratgeber

 **Schriftform zwingend.** Besondere Formvorgaben gelten nur dann, wenn sie gesetzlich oder vertraglich vorgeschrieben sind.

 **Schriftform sinnvoll.** Aus Beweisgründen ist in vielen Situationen eine schriftliche Erklärung vorzuziehen.

 **Zugangsbeweis notwendig.** Um eine Frage der Beweisbarkeit handelt es sich auch, wenn zu belegen ist, ob eine Erklärung – mündlich oder schriftlich – dem Empfänger tatsächlich zugegangen ist.

 Hält das Buch zu einem Problem im Abschnitt „Formulare" ab Seite 79 ein **Musterschreiben oder** eine **Checkliste** bereit, wird durch ein Signet auf das jeweilige Formular verwiesen.

lagewert soll noch einmal niedriger definiert werden. Bei Bestimmung der örtlichen Vergleichsmieten sollen die Bezugs- und Vergleichszeiträume größenmäßig definiert werden, so dass die ortsübliche Vergleichsmiete angeblich sinkt.

Da sich die Rechtslage also ständig ändert und unser Ratgeber sich in erster Linie an juristische Laien wendet, kann und will dieses Buch eine professionelle Beratung nicht ersetzen. Bei Bedarf stehen Ihnen spezialisierte Rechtsanwälte, Fachanwälte für Mietrecht, aber auch die Mieterverbände als kompetente Ansprechpartner zur Verfügung.

Kurzratgeber

Staffelmiete, Anspruch auf Kautionsabrechnung und Mängelanzeige: Das sind einige der Schlagworte, die Ihnen im Mietrecht täglich begegnen. Diese und viele weitere Fragestellungen finden Sie in diesem Buch behandelt. Wir schildern Ihnen, wie Sie damit als Mieter rechtssicher umgehen und geben Ihnen eine Reihe von Formularen an die Hand. Mit diesen können Sie die Problemfälle lösen, die Ihnen im Laufe Ihres Mietverhältnisses begegnen können. Vorab finden Sie zehn häufige und immer wieder aktuelle Fragen aus dem Mietrecht mit kurzen Antworten.

Antworten auf die 10 häufigsten Fragen

Eigentlich ist es doch ganz einfach. Man mietet ein Haus oder eine Wohnung, zahlt jeden Monat pünktlich seine Miete und möchte sich zuhause ansonsten einfach nur wohlfühlen. Dass es in der Realität so einfach nicht ist, belegen schon die folgenden Fragen und Antworten.

Frage 1
Darf der Vermieter eine Staffelmiete verlangen?

Bei Vereinbarung einer Staffelmiete erhöht sich die Miete nach bestimmten Zeiträumen automatisch um einen festgelegten Betrag. Der Vermieter darf diese nur verlangen, wenn er die Staffelmiete bereits im Mietvertrag ausdrücklich mit dem Mieter vereinbart hat. Die Vereinbarung muss auch wirksam sein. Hierbei sind diverse Formalien zu beachten. Gemäß § 557a BGB muss die Miete immer mindestens ein ganzes Jahr unverändert bleiben. Die Höhe der Miete oder der Erhöhungsbetrag müssen für jede geplante Erhöhung konkret ausgewiesen werden. In der Praxis werden hier häufig Formfehler gemacht. Ist die Vereinbarung formal unwirksam, bleibt es bei der anfänglichen Höhe der Miete.

Frage 2
Darf der Vermieter Kaution und Bürgschaft verlangen?

Ob und welche Mietsicherheiten Vermieter und Mieter im Mietvertrag vereinbaren, bleibt ihnen überlassen. Kaution und Bürgschaft sind grundsätzlich beide zulässig. Der Vermieter darf nur die Mietsicherheit verlangen, die im Mietvertrag wirksam vereinbart wurde. Gemäß § 551 Abs. 1 BGB darf die Mietsicherheit höchstens das Dreifache der auf einen Monat entfallenden Miete ohne Betriebskostenvorauszahlungen (bzw. Pauschale für Betriebskosten) betragen. Fazit: Vereinbarungen, die insgesamt die gesetzlich zulässige Höhe überschreiten, sind unwirksam. Der Mieter kann in diesen Fällen die Vereinbarung unterzeichnen und später die Leistung der Mietsicherheit verweigern bzw. die bereits geleistete Mietsicherheit im laufenden Mietverhältnis zurückverlangen.

Frage 3
Darf der Vermieter einen Schlüssel der vermieteten Wohnung behalten?

Nein, der Vermieter muss dem Mieter sämtliche existierenden Schlüssel der Wohnung übergeben. Er hat auch kein Recht, nachträglich einen Schlüssel zurückzufordern, zum Beispiel wenn der Mieter längere Zeit verreist.

In solchen Fällen muss der Mieter allerdings dafür sorgen, dass bei begründeten Notfällen Dritte auf Verlangen Zutritt zur Wohnung gewähren können. Es empfiehlt sich deshalb, einen Schlüssel für die eigene Wohnung bei einem Nachbarn oder Bekannten zu deponieren. Informieren Sie den Vermieter hierüber und geben Sie ihm die Kontaktdaten Ihrer Vertrauensperson.

Frage 4
Darf der Vermieter in die vermietete Wohnung?

Es gibt kein gesetzliches Besichtigungsrecht. Der Vermieter darf die Wohnung ohne Zustimmung des Mieters nur in absoluten Notfällen wie bei Wohnungsbränden oder Rohrbrüchen betreten. Ansonsten muss er zunächst die Zustimmung des Mieters verlangen.

Auch eine Klausel im Mietvertrag, die dem Vermieter eine jederzeitige Besichtigung ohne konkreten Anlass gestattet, ist unwirksam (BGH, Urteil vom 04. Juni 2014, Az. VIII ZR 289/13 –, juris). Der Vermieter darf den Zutritt verlangen, wenn er einen konkreten und berechtigten Grund hat. Den Termin sollte er in der Praxis 10 bis 14 Tage vorher mit Ihnen vereinbaren. Das gilt zum Beispiel bei der anstehenden Ablesung der Messgeräte (Heizung, Strom, Wasser, Gas), bei notwendigen Reparaturmaßnahmen, zur Erforschung von Schadensursachen, aber auch dann, wenn der Vermieter Kaufinteressenten oder möglichen Nachmietern die Wohnung zeigen will.

Ein unberechtigtes Zutrittsverlangen darf der Mieter ablehnen. Dabei ist Vorsicht geboten. Verweigert der Mieter zu Unrecht den Zutritt, kann dies eine fristlose Kündigung des Mietverhältnisses durch den Vermieter begründen.

Frage 5
Darf der Vermieter Haustiere verbieten?

Auch hier kommt es auf die Regeln im Mietvertrag an. Pauschale Verbote aller Arten von Haustieren sind allerdings auch im Mietvertrag unwirksam. Kleintiere, von denen keinerlei Belästigungen anderer Mieter oder Gefahren für die Mietsache ausgehen, darf der Mieter in angemessener Zahl ohne Genehmigung des Vermieters halten. Daher sind Zierfische und Hamster in der Regel unproblematisch.

Bei Ratten und lärmenden Kanarienvögeln kann dies schon wieder anders aussehen. Wilde oder gar gefährliche Tiere bedürfen in jedem Fall der Erlaubnis. Problematischer ist die Rechtslage bei Katzen und Hunden. Hier sollte vorab die Zustimmung des Vermieters eingeholt und bei entsprechender Verweigerung zunächst die Rechtslage geprüft werden. Weitere Informationen zum Thema finden Sie unter „Haustiere", Seite 51.

Frage 6
Darf der Vermieter Wäschetrocknen in der Wohnung verbieten?

Hier ist rechtlich noch vieles ungeklärt. Solange dadurch keine Gefahren für die Mietsache (Schimmelpilzbildung, Feuchtigkeitsschäden) ausgehen, darf der Vermieter dies wohl nicht verbieten. Ein pauschales Verbot im Mietvertrag wird in der Regel unwirksam sein (LG Düsseldorf, Beschluss vom 18. April 2008, Az. 21 T 38/08, juris). Das gilt jedenfalls dann, wenn der Vermieter dem Mieter keine anderen Möglichkeiten zur Trocknung der Wäsche bereitstellt (AG Wiesbaden, Urteil vom 29. März 2012, Az. 91 C 6517/ 11 (18), juris).

Als Mieter sollten Sie allerdings immer Alternativen in Betracht ziehen, da wegen der zunehmenden und häufig nicht fachgerecht ausgeführten Isolierungsmaßnahmen zur Wärmedämmung die Gefahr von Schimmelpilzbildung und damit von gesundheitlichen Beeinträchtigungen besteht.

Frage 7
Darf Ihnen der Vermieter den Strom abstellen?

Eine Versorgungssperre ist im laufenden Mietverhältnis regelmäßig unzulässig. Der Vermieter muss dem Mieter während des Mietverhältnisses die Mietsache zu Verfügung stellen und diese im vertraglich geschuldeten Zustand halten. Dazu gehört regelmäßig auch die Bereitstellung von Versorgungsleistungen wie Strom, Wasser oder auch Heizung. Der Vermieter darf diese Leistungen daher nicht einfach unterbrechen. Das gilt selbst dann, wenn der Mieter seinen eigenen Verpflichtungen (Zahlung der Miete oder der Nebenkosten) nicht oder nur unvollständig nachkommt.

Auch im bereits beendeten Mietverhältnis darf der Vermieter, von Ausnahmefällen abgesehen, nicht einfach die Versorgung beenden, zum Beispiel um den Mieter aus der Wohnung zu drängen.

Frage 8
Darf der Vermieter dem Mieter einfach so kündigen und ihn rauswerfen?

Mieter von Wohnraum sind gesetzlich sehr gut geschützt. Der Vermieter braucht für eine wirksame Kündigung einen gesetzlich zulässigen Kündigungsgrund. In der Praxis am häufigsten ist sicher die Kündigung wegen Mietrückstands oder anderen schweren Vertragsverstößen des Mieters (zum Beispiel unerlaubte Untervermietung, Beleidigung des Vermieters, unerlaubte Zutrittsverweigerung usw.). Der sich vertragstreu verhaltende Mieter muss vor allem die Eigenbedarfskündigung fürchten (mehr hierzu bei „Kündigung durch den Vermieter", Seite 64). Wer als Mieter eine Kündigung erhält, sollte diese zunächst rechtlich überprüfen lassen.

Aber unabhängig davon, ob die Kündigung wirksam ist oder nicht: Der Vermieter darf den Mieter niemals einfach so vor die Tür setzen. Hierfür benötigt er einen Räumungstitel, den er nur nach vorheriger Räumungsklage vor dem Amtsgericht erhält. Eigenmächtige Inbesitznahmen durch den Vermieter sind regelmäßig Straftaten (Hausfriedensbruch) und müssen vom Mieter nicht geduldet werden.

Frage 9
Darf der Vermieter eine Renovierung verlangen?

Grundsätzlich nur dann, wenn die Durchführung von Schönheitsreparaturen im Mietvertrag wirksam vereinbart wurde. Angesichts der sehr strengen Vorgaben des Bundesgerichtshofs zu solchen Vereinbarungen besteht eine Verpflichtung nur noch im Ausnahmefall. Vereinbarungen, die starre Fristen für die Vornahme der Schönheitsreparaturen (feste Intervalle) oder konkrete Ausführungsbestimmungen (zum Beispiel Raufasertapete, weiß gestrichen) vorsehen,

führen dazu, dass der Mieter nicht renovieren muss. Gleiches gilt, wenn die Wohnung ursprünglich vom Vermieter unrenoviert übergeben wurde beziehungsweise der Mieter keine adäquate Gegenleistung für die Vornahme der Schönheitsreparaturen erhalten hat. Eine Renovierung kann aber ausnahmsweise dann geschuldet sein, wenn der Mieter die Mietsache stark beschädigt hat. Mehr dazu unter „Abwicklung des Mietverhältnisses", Seite 67).

Frage 10
Darf der Vermieter die Kaution einbehalten?

Während des laufenden Mietverhältnisses nur dann, wenn die Kaution wirksam vereinbart wurde (siehe dazu Frage 2). Wenn das Mietverhältnis beendet ist, muss der Vermieter die Kaution und die erzielten Zinsen nach Ablauf eines angemessenen Prüfungszeitraums zunächst abrechnen. Die Länge des Prüfungszeitraums ist umstritten (siehe „Abrechnungen zum Mietende", Seite 69). Ein Monat nach Rückgabe der Mietsache ist in der Regel ausreichend. Die Pflicht zur Abrechnung bedeutet aber nicht, dass

der Vermieter die gesamte Kaution damit sofort zurückzahlen muss. Er darf mit eigenen Forderungen (Mietrückständen, Schadenersatz usw.) aufrechnen und Einbehalte in angemessener Höhe für künftig noch zu erwartende Forderungen (üblicherweise aus noch folgenden Betriebskostenabrechnungen) vornehmen. Die Höhe der Einbehalte muss allerdings realistisch sein. Hatte der Mieter zum Beispiel Guthaben aus den Betriebskostenabrechnungen der Vergangenheit, ist ein Einbehalt regelmäßig nicht zulässig.

Wichtige Grundlagen

Zahlreiche Streitigkeiten zwischen Vermieter und Mieter werden nicht durch eine richtige oder falsche Anwendung des Gesetzes entschieden. Häufig ist es so, dass der Mieter sein Recht nicht durchsetzen kann, weil formale Mängel vorliegen oder Probleme in der Beweisbarkeit der berechtigten Ansprüche bestehen.

Wichtig ist es zu wissen, wann Sie sich als Mieter besser schriftlich an den Vermieter wenden müssen und wann nicht. Noch wichtiger ist zu wissen, wie ein Schreiben beim Vermieter ankommen muss, damit Sie später in einem möglichen Prozess vor Gericht auch nachweisen können, dass Sie alles fristgemäß und in der richtigen Form gemacht haben.

Die problematischen Fälle sind häufig Schreiben zu einer Mängelrüge oder eine fristlose beziehungsweise fristgerechte Kündigung. Eine Mängelrüge, also die Ankündigung, die Miete wegen Mängeln zu mindern, sollte immer schriftlich erfolgen, und sie muss dem Vermieter zugehen. Eine Kündigung muss schriftlich erfolgen und muss nachweisbar ebenfalls dem Vermieter zugehen. Wie diese Grundbegriffe zu verstehen sind, erklären wir hier im Folgenden.

Schriftform, Zugang und Zustellung

Für viele Erklärungen, die im Mietrecht abgegeben werden, müssen Sie zwischen der Schriftformerfordernis, der Erfordernis des Zugangs einer Erklärung und der eventuellen Erfordernis der Zustellung einer Erklärung unterscheiden.

Ein allgemeines Schriftformerfordernis, also einen Zwang, Erklärungen immer schriftlich abzugeben, kennt das deutsche Mietrecht aber nicht. Es geht davon aus, dass Erklärungen grundsätzlich in beliebiger Form abgegeben werden können. Das bedeutet, dass neben schriftlichen Erklärungen auch mündliche und sogar stillschweigende Vereinbarungen wirksam sein können. Allerdings ist das in der Praxis für keinen der Vertragspartner zu empfehlen.

 **Schriftform zwingend**

Ein Mietvertrag kann ohne weiteres auch mündlich abgeschlossen werden. Besondere Formvorgaben gelten nur dann, wenn sie gesetzlich oder vertraglich vorgeschrieben sind. So kann beispielsweise nur ein schriftlicher Mietvertrag wirksam befristet werden (§§ 575, 550 BGB), während mündliche Mietverträge generell als unbefristet gelten. Auch die Kündigung des Mietverhältnisses muss immer schriftlich erfolgen (§ 568 BGB).

 **Schriftform sinnvoll**

Ist keine besondere Form vorgeschrieben, kann es für den Mieter dennoch ratsam sein, Erklärungen schriftlich abzugeben. So muss zum Beispiel ein Mieter, der seinen Vermieter wegen Mietmängeln verklagt, beweisen können, dass er die Mängel zuvor schon einmal gerügt hat.

Ein Beweis durch einen Brief, eine E-Mail oder ein Telefax ist in der Regel sehr viel leichter zu erbringen als der Beweis, dass eine mündliche Erklärung abgegeben wurde. Ein Beweis für eine mündliche Erklärung kann meist nur erbracht werden, wenn es für diese einen Zeugen gibt. Häufig hat man aber in Situationen, in denen es auf die Abgabe einer Erklärung ankommt, gerade keinen Zeugen dabei. Aus Beweisgründen ist dann immer eine schriftliche Erklärung vorzuziehen.

Zugangsbeweis notwendig

Um eine Frage der Beweisbarkeit handelt es sich auch, wenn zu belegen ist, ob eine Erklärung – mündlich oder schriftlich – dem Empfänger tatsächlich zugegangen ist. Dies ist in der Regel unproblematisch, wenn Erklärungen in Anwesenheit des Empfängers abgeben werden, beispielsweise indem ein Mieter seinem Vermieter eine schriftliche Kündigung im Beisein eines Zeugen persönlich übergibt.

Wird eine Erklärung gegenüber einem Abwesenden abgegeben – wie es bei den meisten schriftlichen Erklärungen der Fall ist –, gilt sie nach Ansicht der Rechtsprechung „… als zugegangen, wenn sie so in den Machtbereich des Erklärungsempfängers gelangt, dass unter gewöhnlichen Umständen mit einer Kenntnisnahme zu rechnen ist." Das bedeutet: Es kommt nicht darauf an, ob der Empfänger die Erklärung zur Kenntnis nimmt, also etwa das Kündigungsschreiben liest. Es kommt nur darauf an, dass die Erklärung so bei ihm angekommen ist, dass damit gerechnet werden kann, dass er sie zur Kenntnis nimmt.

Wird die schriftliche Kündigung eines Mietvertrags persönlich in einen Briefkasten

eingeworfen, der den Namen des Vermieters trägt und der nicht erkennbar bereits seit Wochen oder Monaten nicht mehr geleert wurde, dann gilt die Kündigung mit dem Einwurf in den Briefkasten als zugegangen. Ob der Vermieter die Kündigung anschließend entnimmt und zerreißt oder ob er sie zwei Wochen im Briefkasten liegen lässt, hat auf den Zugang keinen Einfluss mehr. Ein Telefax ist zugegangen, wenn der Sendebericht als Status „gesendet" oder „o. k." anzeigt.

Bestreitet der Vermieter den Zugang eines Schreibens, trifft den Mieter hierfür grundsätzlich die Beweislast. Der häufigste Fall ist in der Praxis wohl, dass ein Schreiben im frankierten Umschlag in einen Briefkasten geworfen wird. Bei einfachem Postversand wird dem Mieter ein solcher Beweis also kaum gelingen, da er keine Bestätigung erhält, dass der Postbote den Brief auch ordnungsgemäß in den Briefkasten des Vermieters eingeworfen hat. Mietern wird daher oft geraten, wichtige schriftliche Erklärungen wie Kündigungen als Einschreiben mit Rückschein oder als Einwurfeinschreiben zu versenden, um mit dem Rückschein bzw. der Einwurfbestätigung des Postunternehmens den Zugangsnachweis erbringen zu können. Genau genommen, ist jedoch auch diese Versandart nicht hundertprozentig beweisgeeignet, da aus dem Rückschein bzw. der Einwurfbestätigung nicht hervorgeht, was für ein Schreiben sich in dem eingeworfenen Umschlag befand. Ein spitzfindiger Vermieter könnte hier einfach behaupten, dass er nur einen leeren Umschlag erhalten habe.

Die sicherste Methode, den Zugang einer schriftlichen Erklärung nachzuweisen, ist daher die Übermittlung durch einen Boten. Bote kann jede natürliche Person, also jeder Mensch sein, der in der Lage ist, sich zu einer bestimmten Adresse zu begeben und

WICHTIGE GRUNDLAGEN **17**

dort einen Briefumschlag in einen Briefkasten einzulegen. Boten können selbstverständlich auch Familienangehörige sein. Da man den Boten später vor Gericht unter Umständen als Zeugen benötigt, empfiehlt es sich, unbedingt nur solche Personen zu nehmen, die nicht im Mietvertrag aufgeführt sind.

Entscheidend für diese Art des Nachweises ist die Einhaltung folgender Schritte:

→ Der Bote muss die schriftliche Erklärung vollständig gelesen haben.

→ Der Bote muss bestätigen können, dass die schriftliche Erklärung in den Briefumschlag hineingelegt wurde.

→ Der Bote muss bestätigen können, dass er exakt den Umschlag, in dem sich die Erklärung befand, in den Briefkasten des Erklärungsempfängers eingelegt oder diesen persönlich übergeben hat.

→ Und der Bote muss diese gesamte Wahrnehmung mit vollem Namen und Anschrift sowie Zeitpunkt der Einlegung in den Briefkasten des Erklärungsempfängers oder der persönlichen Übergabe schriftlich niederlegen und eigenhändig unterschreiben.

Die Zustellung eines Schriftstücks ist die rechtlich sicherste Art, eine Erklärung einem Empfänger zukommen zu lassen.

Gerichte stellen durch sogenannte Postzustellungsurkunde zu. Privatpersonen müssen Zustellungen durch einen Gerichtsvollzieher vornehmen lassen, wenn sie eine förmliche Zustellung bewirken wollen. Die Zustellung durch den Gerichtsvollzieher ist gesetzlich in §§ 191 ff. ZPO geregelt. Hierzu muss ein Zustellungsauftrag unter Übergabe der Schriftstücke erteilt werden.

Von Gesetzes wegen vorgeschrieben ist die förmliche Zustellung nur in sehr wenigen Fällen. Da die förmliche Zustellung durch einen Gerichtsvollzieher mit beträchtlichen Kosten verbunden ist, sollte davon möglichst nur Gebrauch gemacht werden, wenn Erklärungen von extrem hoher Wichtigkeit zu bewirken sind und/oder der Einsatz eines Boten nicht in Betracht kommt.

Eine Zustellung über einen Gerichtsvollzieher macht Sinn, wenn der Vermieter in einer weit entfernten Stadt wohnt. Botendienste sind in solchen Fällen oft unverhältnismäßig teuer. Wenn Sie also eine Kündigung zustellen lassen wollen für eine Wohnung in München, und Ihr Vermieter wohnt in Hamburg, dann bietet sich eine Gerichtsvollzieherzustellung an. Das Gleiche gilt für die Zustellung einer Mängelrüge oder die Aufforderung zur Mängelbeseitigung.

Suchen und bewerben

Für die Suche nach einer neuen Wohnung stehen Ihnen viele Wege offen. Neben der klassischen Suche über den Annoncenteil in der Zeitung werden Sie heute ein Haus oder die nächste Wohnung über verschiedene Internetportale suchen. Es gibt Wohnungsbörsen, Wohnen auf Zeit und Wohnen im Tausch.

Der Weg zur neuen Wohnung kann anstrengend werden und länger dauern als zunächst gedacht. Der Kontakt zu Vermietern oder Maklern muss hergestellt werden, Besichtigungstermine müssen vereinbart und die Wohnungen besichtigt werden. Danach beginnt der eigentliche Bewerbungsprozess um die Wohnung.

Der Makler als Vermittler

Als Mietbewerber wird man es häufig zunächst mit einem Makler zu tun haben, der im Auftrag des Vermieters die Wohnung anbietet und eine Auswahl der besten Kandidaten trifft. Durchaus häufiger, vor allem bei einem Ortswechsel, schaltet aber auch ein Wohnungssuchender selbst einen Makler ein, um eine geeignete Wohnung zu finden.

Mit Einführung des Mietrechtnovellierungsgesetzes ist zum 1. Juni 2015 das „Bestellerprinzip" in Kraft getreten und seitdem anzuwenden. Das bedeutet: Wer bei der Wohnungssuche einen Makler beauftragt, muss diesen auch bezahlen. Im Regelfall wird die Wohnung durch einen vom Vermieter beauftragten Makler angeboten. In diesen Fällen muss der dann den Makler bezahlen.

In Ballungsgebieten mit angespanntem Wohnungsmarkt ist es viel leichter, für eine begehrte Mietwohnung Bewerber zu finden, als für Wohnungsuchende in deren Auftrag auf die Jagd nach geeigneten Wohnungen zu gehen. Findige Makler haben in der Zwischenzeit deshalb einige Tricks entwickelt, wie sie die Kosten für die anbietenden Vermieter gering halten können.

Wenn ein Makler zum Beispiel merkt, dass der Wohnungsuchende Interesse an einem Objekt hat, versucht er den Interessenten dazu überreden, einen Vertrag zu unterschreiben. Damit beauftragt der Kunde den Makler, für ihn tätig zu werden – und muss dann auch die Provision übernehmen. Sträubt sich der Bewerber, hilft häufig ein Verweis auf „andere Bewerber, die auch sehr interessiert an dieser Wohnung sind".

Oder: Der Makler inseriert eine attraktive Wohnung zu einem günstigen Preis. Melden sich daraufhin Bewerber, antwortet er, die Wohnung sei leider bereits vergeben. Er kenne aber noch andere, ganz ähnliche Wohnungen, die demnächst frei würden. Für diese Objekte müssten Interessenten den Makler aber mit der Wohnungssuche beauftragen und bei Erfolg die Maklercourtage bezahlen. Was die Bewerber nicht erfahren: Wenn der Makler eine Wohnung in seinem Portfolio hat, besteht bereits ein Vermittlungsauftrag mit dem Vermieter.

Vereinzelt haben Makler auch damit begonnen, von Mietbewerbern beim Besichtigungstermin der Wohnung „Eintrittsgeld" zu verlangen – eine Praxis, die inzwischen gerichtlich untersagt wurde. Falls der Makler von Ihnen unabhängig von der Maklercourtage eine Vertrags- oder Schreibgebühr, eine Erstattung der Anfahrtskosten oder sonstige Service- oder Verwaltungsgebühren verlangt, ist das in aller Regel unzulässig.

Für Bewerber interessant: Sie können zunächst einwilligen, brauchen die Gebühren später aber nicht zu zahlen. Die Makler werden sich hüten, diese einzuklagen, da sie dadurch hohe Bußgeldstrafen riskieren. Und falls Sie das zu spät erfahren: Sie haben das Recht, unberechtigte Ausgaben für Maklerdienste bis zu drei Jahre nach Abschluss des Mietvertrags zurückzufordern, bevor Ihre Ansprüche verjähren.

Manche Vermieter holen sich die zu zahlende Maklerprovision auch zurück, indem sie die Kosten über Umwege auf den künftigen Mieter abwälzen. Das geht zum Beispiel, indem man alte Möbel, Küchen oder Bodenbeläge, die noch in der Wohnung sind, gegen eine Abschlagszahlung zu völlig überzogenen Preisen an die Mieter weitergibt.

Punkten mit Bewerbungsunterlagen

Gerade in Ballungszentren mit Wohnungsknappheit verlangen die Vermieter heutzutage umfassende Auskünfte vom künftigen Mieter, indem sie zum Beispiel beim Besichtigungstermin eine Mieterselbstauskunft aushändigen.

Ob ein solches Auskunftsverlangen im Einzelfall zulässig oder sinnvoll ist, sei mal dahingestellt. Bewerber, die dem Verlangen nicht nachkommen, werden bei der Wohnungsvergabe schlichtweg übergangen. Falsche Angaben in der Mieterselbstauskunft, insbesondere zu Einkommen und Vermögen des Mieters, können unter Umständen zu einer Anfechtbarkeit/Kündbarkeit des Mietverhältnisses führen. In der Praxis erfolgt dies aber relativ selten, solange der Mieter später tatsächlich seine Miete zahlt.

Eine Mieterselbstauskunft enthält in zusammengefasster Form Ihre wesentlichen Kontaktdaten und alle für das Mietverhältnis entscheidenden Angaben. Häufig bekommen Sie eine Mieterselbstauskunft vom Makler, der die Vermietung der Wohnung im Auftrag des Vermieters vornimmt.

Ein Tipp: Viele große Wohnungsbaugesellschaften bieten auf ihren Homepages Mieterselbstauskünfte zum Herunterladen an. Bei diesen Wohnungsbaugesellschaften sollten Sie eine Mieterselbstauskunft bereits zum Besichtigungstermin mitbringen. Ein Beispiel für eine Mieterselbstauskunft finden Sie im Internet unter: www.wohnungsboer se.net/mieterselbstauskunft. Beachten Sie bitte immer, dass es gesetzliche Vorschriften für Form und Inhalt von Mieterselbstauskünften nicht gibt. Gegebenenfalls gehen die Fragen sehr weit und sind im Einzelfall sogar unzulässig.

Die Grenzen der Selbstauskunft

Etliche der Formulare zu Selbstauskünften haben einen beträchtlichen Umfang. Der Fragenkatalog erinnert da schon an den „gläsernen Mieter". Alle Fragen sind allerdings nicht zulässig. Die Gerichte prüfen, ob das Recht des Mieters auf informationelle Selbstbestimmung ausreichend berücksichtigt ist. Zulässig sind folgende Fragen an den Mietinteressenten:

→ nach dem Einkommen und der Bonität,
→ nach dem Arbeitgeber,
→ nach dem Familienstand und Anzahl der Kinder (zulässig, wenn der Vermieter ein ausdrückliches Interesse daran hat, bevorzugt an Familien zu vermieten),
→ nach Anzahl und Art der Haustiere und
→ nach Dauer des vorangegangenen Mietverhältnisses und Erfüllung der mietvertraglichen Pflichten.

Unzulässig sind folgende Fragen:
→ nach der Nationalität,
→ nach der Mitgliedschaft in einem Mieterverein oder in einer politischen Partei,
→ nach Hobbys und
→ nach einer Schwangerschaft.

Eine falsche Antwort auf eine zulässige Frage kann zu einer Anfechtung oder Kündigung führen. Nur bei einer unzulässigen Frage darf eine unzutreffende Antwort gegeben werden.

CHECKLISTE

Bewerbungsmappe: Bereit für den Besichtigungstermin?

Gerade, wenn sich die Gelegenheit zu einer Bewerbung um eine Wohnung und Besichtigung sehr kurzfristig ergibt, ist es von Vorteil, wenn man die nötigen Unterlagen auf aktuellem Stand bereithält:

☐ **Deckblatt** mit Name, Anschrift, Kontaktdaten (Telefon, E-Mail, …)

☐ **Verdienstbescheinigung** der letzten 3 Monate (Gehaltsabrechnungen). Für Selbstständige stellt die Vorlage von Verdienstbescheinigungen häufig ein Problem dar, hier wird als Alternative eine BWA (betriebswirtschaftliche Auswertung) oder EÜR (Einnahmen-Überschuss-Rechnung) verlangt. Das ist sehr weitgehend, es müssen dabei Daten offen gelegt werden, die definitiv das berechtigte Informationsinteresse eines Vermieters überschreiten.

☐ **Mieterselbstauskunft,** ausgefüllt.

☐ **Mietschuldenfreiheitsbescheinigung,** ausgestellt vom aktuellen Vermieter

☐ **Aktuelle Schufa-Auskunft.** Das generelle Erfordernis einer Schufa-Auskunft ist nach unserer Einschätzung problematisch. Unter Berücksichtigung der nicht sehr transparenten Bewertungskriterien kann diese ungerechtfertigt zu einer negativen Bewertung durch einen Vermieter führen.

☐ **Liste mit Fragen,** die Sie klären möchten (Konditionen, Termine, Ausstattung der Wohnung etc.)

☐ **Wohnberechtigungsschein,** wenn Sie sich um eine öffentlich geförderte Sozialwohnung bewerben wollen.

Mietschuldenfreiheitsbescheinigung

 Viele Vermieter verlangen heutzutage Mietschuldenfreiheitsbescheinigungen. Diese sollte man sich bei Beendigung eines Mietverhältnisses vom bisherigen Vermieter ausstellen lassen. Verweigert der bisherige Vermieter einen entsprechenden Nachweis, gewährt die Rechtsprechung dem Mieter einen einklagbaren Anspruch nur dann, wenn Mietschuldenfreiheitsbescheinigungen in der jeweiligen Region üblich sind. Diese Rechtsprechung hindert den Mieter im Extremfall am Umzug in eine andere Region.

Sollten Sie keine Mietschuldenfreiheitsbescheinigung vorlegen können, empfehlen wir, dem neuen Vermieter gleich selbst die bisherigen Mietzahlungen durch entsprechender Kontoauszüge nachzuweisen. Dann kommt er häufig gar nicht auf die Idee, nach einer solchen Bescheinigung zu fragen.

Was kommt da noch alles auf uns zu?

Der Trend zum gläsernen Mieter geht allerdings weiter. Neben der Vorlage von Verdienstbescheinigungen und Mietschuldenfreiheitsbescheinigung sowie Schufa-Auskunft gibt es Vermieter, die Bescheinigungen über die Art des Beschäftigungsverhältnisses verlangen.

Hier gerät ein Mieter schnell in den rechtlichen Grenzbereich. In Zeiten, in denen befristete Beschäftigungsverhältnisse und kurzzeitige Arbeitslosigkeiten oder selbstständige Tätigkeiten ohne festen Gehaltseingang immer üblicher werden, stellen derartige Bescheinigungen für manche Mietinteressenten ein unüberwindbares Hindernis dar.

Gleiches gilt für „Positivbescheinigungen" von früheren Vermietern mit dem Inhalt, dass Hausordnungsverstöße und Ähnliches seitens des Mieters nicht bekannt waren. Aus dem Verlangen von Vermietern nach solchen Bescheinigungen zeigt sich, dass sie sich gegen allgemeine Vertragsrisiken möglichst umfassend absichern wollen.

Wir stehen solchen Bescheinigungen kritisch gegenüber. Die Hauptpflichten im Mietverhältnis sind die Gewährung des Gebrauchs der Mietsache gegen Zahlung des Mietzinses. Eine allgemeines Wohlverhalten kennt das Mietrecht nicht. Aus der Tatsache, dass ein Mietinteressent möglicherweise nur ein befristetes Beschäftigungsverhältnis hat, lässt sich nicht ableiten, dass Mietzahlungen in der Zukunft gefährdet sind.

Letztlich steht ein Mietinteressent solchen Forderungen aber fast hilflos gegenüber. Kann er derartige Bescheinigungen nicht beibringen, besteht die Gefahr, dass er bei der Wohnungsvergabe übergangen wird. Legt er falsche Bescheinigungen vor – wovon wir aus rechtlichen Gründen dringend abraten – setzt er sich der Gefahr einer Anfechtung des Mietvertrags durch den Vermieter oder einer Kündigung aus und macht sich unter Umständen sogar strafbar.

In Ballungszentren und in Gebieten mit einem hohen Druck auf dem Wohnungsmarkt gerät die umfassende (Vor-)Prüfung des Mieters immer intensiver.

Zu einem negativen Schufa-Eintrag kommen junge Leute relativ schnell; für Mietverhältnisse kann das gravierende Folgen haben.

Insbesondere im Internet werden „Alternativen" angeboten, die allerdings sorgfältig zu prüfen sind. Auf einigen großen Internetportalen wird angeboten, durch Zugriff auf das eigene Konto eine „eigene Mietzahlungsbescheinigung" einzurichten. Bevor Sie aber jemandem Zugriff auf sensible per-

AUSFÜLLHINWEIS

Mietschuldenfreiheitsbescheinigung

S. 81

Falls Sie früher mal unpünktlich gezahlt haben, sollten Sie eine Bestätigung aufsetzen, die den Satz „…sämtlichen Zahlungsverpflichtungen immer pünktlich nachgekommen." nicht enthält. Andernfalls könnte der Vermieter für Sie nachteilige Schlüsse ziehen.

sönliche Daten ermöglichen, sollten Sie in jedem Einzelfall überlegen, ob nicht ein persönliches Gespräch mit dem Vermieter größeren Erfolg bringen kann, als sich vollständig zu „entblößen".

Auf längere Sicht wird der Gesetzgeber nicht umhin kommen, die Anforderungen an berechtigte Auskünfte über Mieter gesetzlich zu definieren. Ein neues Feld für Mietrechtsnovellierungen ist also eröffnet.

UNSER RAT

Schufa-Auskunft

Bonitätsauskünfte der Schufa lassen sich heutzutage gegen ein geringes Entgelt online einholen. Man kann sie auch kostenlos bekommen, dann dauert es aber länger. Die Kosten hat stets der Bewerber/Mieter zu tragen.

Mieten und anmelden

Bis zum Einzug in die neue Wohnung muss der Mieter vieles im Auge behalten. Der neue Mietvertrag muss unterschrieben werden. Sie sollten den vorher immer sorgfältig gelesen und gegebenenfalls geprüft haben. Auch ein kritischer Blick in die Hausordnung lohnt sich vor der Unterschrift.

Daneben ist eine Reihe von Anmeldungen und Ummeldepflichten zu berücksichtigen. Versäumt der Mieter das oder bittet er den Vermieter nicht um Mitwirkung, kann das im weiteren Verlauf durchaus für Ärger sorgen.

Der Mietvertrag

In der Regel bestimmt der Vermieter den Inhalt des Mietvertrags und legt dem Mieter ein unterschriftsreifes Exemplar vor. Der Mieter muss unterzeichnen, oder er bekommt die Wohnung nicht.

Mieterfreundliche Vertragsexemplare (zum Beispiel des Mietervereins) kann der Mieter beim Vermieter regelmäßig nicht durchsetzen. Deshalb haben wir darauf verzichtet, eine für Mieter günstige Vorlage zum Mietvertrag abzudrucken. Entsprechende Vorlagen finden Sie problemlos im Internet, zum Beispiel über die Webseiten der Mietervereine. Stattdessen haben wir eine Checkliste erstellt, mit der Mieter die vom Vermieter vorgelegten Verträge prüfen können (siehe Kapitel „Der Mietvertrags-Checker").

In der Praxis erleben wir häufig, dass Mieter bestimmte Regelungen beanstanden, weil diese nicht wirksam sind. Warum eigentlich? Wenn eine Regel nicht wirksam ist, gilt das Gesetz. Das Gesetz ist regelmäßig mieterfreundlich. Problematischer sind die wirksamen Regelungen im Mietvertrag, die zulässige Abweichungen vom Gesetz zu Gunsten des Vermieters vorsehen. Im Rahmen der Bewertung zu den wesentlichen Mietvertragsklauseln versuchen wir deshalb, Ihnen die für Sie als zukünftigen Mieter wichtigen Eckpunkte eines Vertrags zu erläutern.

Der Mietvertrags-Checker

Die eine, allgemein verbindliche Vorlage für Mietverträge gibt es in Deutschland nicht. Je nach Bewerberlage können Mieter für die Ausgestaltung des Mietvertrags die Vorlage des Deutschen Mieterbunds heranziehen, in der Regel wird aber der Vermieter eine möglichst vermieterfreundliche Auslegung auf den Tisch legen, die der Mieter unterschreiben soll.

Mit den folgenden Beispielen wollen wir Ihnen einen Überblick über gängige Klauseln in Mustermietverträgen geben. Wir haben diese aus Mustermietverträgen entnommen, die vom Mieterschutzbund und vom Haus- und Grundbesitzerverein herausgegeben werden, und teilweise etwas abgewandelt. Sie finden diese **Klauseln dann bewertet nach drei Kriterien:**
➜ aus Mietersicht günstig bzw. gängig,
➜ möglich, da neutral oder mit Bedenken, und
➜ aus Mietersicht zu vermeiden, weil ungünstig oder Anlass für erhebliches Konfliktpotential.

Für die Kennzeichnung, ob die Standardklausel aus Mietersicht günstig, neutral oder ungünstig ist, erläutern wir Ihnen kurz –

Energieausweis

Liegt dem Vermieter ein Energieausweis vor, muss er diesen dem Mietinteressenten spätestens nach ausdrücklicher Aufforderung zugänglich machen. Wenn der Inhalt des Energieausweises ausdrücklich zum Inhalt des Mietvertrags gemacht wird (zum Beispiel durch Bezugnahme im Mietvertrag oder durch Anheften des Energieausweises an den Mietvertrag), können bei Abweichungen Ansprüche des Mieters (auf Instandsetzung, Mietminderung) in Betracht kommen.

aber ohne Anspruch auf wissenschaftliche Vollständigkeit – den juristischen Hintergrund der Einschätzung.

Wir übersehen dabei nicht, dass im Alltag häufig von Vermieterseite ein schon vorformulierter Mustermietvertrag vorgelegt wird. Unter Umständen haben Sie als Mieter aber die Möglichkeit, den Inhalt einer oder mehrerer Bestimmungen aus dem Mietvertrag noch zu beeinflussen. Nicht immer sind vor allem dem privaten Vermieter alle rechtlichen Konsequenzen aus den Formularformulierungen bewusst. Letztlich entscheidet auf der einen Seite die Gesamtheit aller Bestimmungen eines Mietvertrags darüber, ob er für Mieter günstig ist oder nicht.

Zudem müssen Sie im Hinterkopf behalten, dass Sie als Mieter eine für Sie ungünstige und nach der Rechtsprechung unwirksame Klausel gelassen unterschreiben können. Das ist für den Mieter in der Regel kein Nachteil, da anstelle der unwirksamen Klausel dann das Gesetz gilt, das in der Regel den Mieter schützt.

Was ist Wohnfläche im Mietvertrag?

Ein immer wiederkehrender Ausgangspunkt für Diskussionen und Streit vom Mietvertrag bis zur Betriebskostenabrechnung ist die Frage, wie denn die gemietete Wohnfläche berechnet und festgelegt wird.

→ **Wohnfläche** ist nach der Wohnflächenverordnung (WoFlV) die Summe der anrechenbaren Grundflächen aller Räume, die ausschließlich zur Wohnung gehören. Zur Wohnfläche gehören nicht die Grundflächen folgender Räume: Kellerräume, Abstellräume und Kellerersatzräume außerhalb der Wohnung, Waschküchen, Dachboden-

räume, Trockenräume, Heizungsräume und Garagen.
Die Grundflächen sind nach den lichten Maßen zwischen den bekleideten Bauteilen, also nach den Fertigmaßen zu ermitteln. Die Berechnung soll nach der WoFlV erfolgen.
Die Grundflächen von Räumen und Raumteilen mit einer lichten Höhe von mindestens zwei Metern sind voll, mit einer lichten Höhe zwischen ein und zwei Metern zur Hälfte und mit einer lichten Höhe von weniger als einem Meter nicht anzurechnen.
Balkone, Dachterrassen, Loggien etc. sind in der Regel nur noch zu einem Viertel (bis höchstens zur Hälfte bei entsprechender Qualität und qualitativer Bewertung) ihrer Fläche anrechenbar.

→ **Nutzflächen** sind alle flächenmäßigen Anteile einer Wohnung oder eines Hauses, die der Nutzung im Sinne der Zweckbestimmung dienen; Regelung in der DIN 277. Nicht zur Nutzfläche gehören Verkehrsflächen (zum Beispiel Eingänge, Treppenräume, Aufzüge, Flure) und Funktionsflächen (Heizungsraum, Maschinenräume, technische Betriebsräume).

→ **Verkehrsflächen** sind alle Flächen, die der allgemeinen Nutzung unterliegen, im Mehrparteienhaus zum Beispiel Treppenhäuser und Durchgänge.

I. Klauseln zu den Mieträumen

Die häufigsten Bestimmungen zu den Mieträumen, in den meisten Musterverträgen
der Paragraph 1, sind:

1. Im Haus _____
*(Ort, Straße, Hausnummer, Etage) werden
folgende Räume vermietet:*
___ *Zimmer,* ___ *Küche,* ___ *Bad,* ___ *Boden-
räume,* ___ *Kellerräume,* ___ *Garten,*
___ *gewerblich genutzte Mieträume.*

Die Wohnfläche beträgt ca. ___ *Quadratmeter.*

Bewertung: Für den Mieter neutral. Das
Mietobjekt ist hinreichend bestimmt ge-
kennzeichnet; die Quadratmeterangabe im
Hinblick auf Abweichung in der Wohnfläche
ist aber zu unbestimmt.

*2. Der Vermieter vermietet dem Mieter zu
Wohnzwecken die folgende Wohnung:*

_____

_____

*(Anschrift, Wohnung Nummer, Geschossbe-
zeichnung, Lagebezeichnung).*

Anzahl der Wohnräume ___ *und Wohnungsgröße* ___ *Quadratmeter.*

*Folgende Zusatzräume und -flächen können
mitbenutzt werden* ___ *.*

Bewertung: Für den Mieter neutral. Durch
die Formulierung wird eine teilgewerbliche
Nutzung allerdings von vornherein ausgeschlossen. Die Quadratmeterangabe ist ver-
bindlicher als unter Ziffer 1. Ein Rechtsan-
spruch auf Nutzung der Zusatzräume und
-flächen wird durch die Formulierung ausgeschlossen.

*3. Der Vermieter vermietet dem Mieter zu
Wohnzwecken folgende Wohnung im Hause*

_____

(Ort, Straße Hausnummer), im ___ *Geschoss
(rechts-links-mitte; Nummer des Geschoss-
plans), bestehend aus* ___ *Zimmern,* ___ *Küche,* ___ *Bad,* ___ *Dusche,* ___ *Flur,* ___ *Diele.*

Die Wohnfläche beträgt ca. ___ *Quadratmeter. Diese Angabe ist rein beschreibend und bezeichnet nicht die vertraglich geschuldete Leistung.*

Bewertung: Die Klausel ist für den Mieter
eher ungünstig. Eine teilgewerbliche Nutzung wird durch die Formulierung zunächst
ausgeschlossen. Im Hinblick auf die Wohnungsgröße wird die Quadratmeterangabe
ausdrücklich unverbindlich gestellt. Bei Abweichungen in der Fläche dient die Angabe
im Mietvertrag nicht zur Festlegung einer
vertraglich geschuldeten Leistung.

Zu Ihrer Orientierung zitieren wir hierzu
wichtige Gerichtsentscheidungen:
→ Ein Mangel der Mietsache liegt auch
dann vor, wenn der Mietvertrag zwar nur
eine „ca.-Fläche" aufweist, die tatsächliche
Fläche aber um mehr als 10 % unter der im
Mietvertrag genannten Fläche liegt (BGH,
Urteil vom 10.03.2010, Az. VIII ZR 144/09).
→ Wird in einem Mietvertrag ausdrücklich
festgehalten, dass die Angabe zur Quadrat-
meterzahl als unverbindlich oder nur be-
schreibend anzusehen ist, wird dadurch eine
Mietminderung wegen Unterschreitung im
Vergleich zur angegebenen Fläche ausge-
schlossen (BGH, Urteil vom 10.11.2010,
Az. VIII ZR 306/09).
→ Auch wenn in einem Mietvertrag in die
Quadratmeter Fläche nur „ca." angegeben
wird oder als „ungefähr" bezeichnet wird,
ist die tatsächliche Wohnungsgröße für ein

Mieterhöhungsverlangen nach § 558 BGB zugrunde zu legen (BGH, Urteil vom 18.11.2015, Az. VIII ZR 266/14).

II. Klauseln zu einem Kündigungsausschluss

In vielen Mietverträgen finden sich Klauseln zu einem Ausschluss von Kündigungen.

1. Die Vertragspartner streben ein längerfristiges Mietverhältnis an. Der Vermieter verzichtet für einen Zeitraum von 3 Jahren ab Vertragsschluss auf das Recht zur ordentlichen Kündigung (Kündigung wegen Eigenbedarfs, als Einliegerwohnung, Teilkündigung und Verwertungskündigung). Die Kündigung kann somit frühestens zum Ablauf dieses Zeitraums ausgesprochen werden.

Bewertung: Diese Klausel ist für den Mieter durchweg günstig. Der Kündigungsausschluss betrifft nur den Vermieter. Eine vom Gesetz abweichende, für den Mieter nachteilige Regelung ist das nicht. Die Mietsicherheit für den Mieter ist deutlich erhöht.

2. Die Vertragspartner streben ein längerfristiges Mietverhältnis an. Beide Vertragspartner verzichten für einen Zeitraum von 2 Jahren ab Vertragsschluss auf das Recht zur ordentlichen Kündigung.

Bewertung: Eine derartige Klausel ist als neutral zu bewerten. Sie ist rechtlich zulässig, stärkt die Position des Mieters durch den Kündigungsausschluss zulasten des Vermieters. Umgekehrt darf auch der Mieter nicht kündigen, daher ist diese Regelung für ihn durchaus auch nachteilig.

3. Die Vertragspartner stellen übereinstimmend fest, dass die Mieträume frisch saniert bzw. frisch renoviert sind. Der Mieter verzichtet daher für die Dauer von 18 Monaten auf das Recht zur ordentlichen Kündigung. Die Kündigung kann somit frühestens zum Ablauf dieses Zeitraums ausgesprochen werden.

Bewertung: Diese Klausel ist für den Mieter nur nachteilig. Die Rechtsprechung geht davon aus, dass eine solche Klausel wegen unangemessener Benachteiligung des Mieters in der Regel unwirksam ist.

Zu Ihrer Orientierung zitieren wir hierzu einige wichtige Gerichtsentscheidungen:
→ Will der Vermieter auf eine Eigenbedarfskündigung verzichten, bedarf dieser Verzicht auf Eigenbedarfskündigung für über ein Jahr der Schriftform (BGH, Urteil vom 04.04.2007, Az. VIII ZR 223/06).
→ Verzichten Mieter und Vermieter gleichermaßen auf das Recht zur ordentlichen Kündigung, so ist ein formularmäßiger beidseitiger Kündigungsverzicht für bis zu vier Jahre wirksam (BGH, Urteil vom 08.12.2010, Az. VIII ZR 86/10).
→ Ein einseitiger formularmäßiger Kündigungsverzicht des Mieters außerhalb von Staffelmietverträgen ist unwirksam. Der Kündigungsverzicht des Mieters ist also auf den „Sonderfall" des Staffelmietvertrags beschränkt. Nur dort ist er zulässig (BGH, Urteil vom 19.11.2008, Az. VIII ZR 30/08).

III. Klauseln zum Mietbeginn

Zum Beginn des Mietvertrags finden sich folgende häufige Regelungen:

1. Das Mietverhältnis beginnt am ___ , es läuft auf unbestimmte Zeit.

Bewertung: Die Klausel ist als neutral zu bewerten. Der Beginn des Mietverhältnisses ist hinreichend deutlich. Ansonsten entspricht dies der gesetzlichen Wertung für ein unbefristetes Mietverhältnis.

2. Das Mietverhältnis beginnt am ___ und läuft auf unbestimmte Zeit. Kann die Wohnung aus Gründen, die der Vermieter nicht zu vertreten hat, nicht bezogen werden, ist eine Haftung bzw. sind Schadenersatzansprüche ausgeschlossen.

Bewertung: Diese Klausel ist aus Mietersicht neutral. Eine Haftung des Vermieters für anfängliche Mängel, die Schadenersatz nach sich ziehen, besteht nur, wenn der Vermieter den Mangel zu vertreten hat.

3. Das Mietverhältnis beginnt mit Übergabe/ das Mietverhältnis beginnt mit Fertigstellung der Räume.

Bewertung: Diese Klausel ist für den Mieter als ungünstig zu bewerten. Der Beginn des Mietverhältnisses steht zeitlich nicht fest. Verschaffungsansprüche des Mieters werden dadurch erschwert.

Zu Ihrer Orientierung zitieren wir hierzu wieder einige der maßgeblichen Gerichtsentscheidungen:

→ Ein formularmäßiger Gewährleistungsausschluss für anfängliche Mängel ist zulässig. Für derartige Fälle steht bei gravierenden Mängeln das Recht zur fristlosen Kündigung zur Seite (BGH, Urteil vom 03.07.2002, Az. XII ZR 327/00).

→ Beginn des Mietverhältnisses mit Übergabe ist zulässig. Die Zulässigkeit solcher Klauseln ist bei Wohnraummietverträgen beschränkt (BGH, Urteil vom 02.11.2005, Az. XII ZR 212/03).

IV. Klauseln zur Miethöhe

Häufig sind folgende Klauseln zur Miethöhe:

1. Die Miete beträgt warm monatlich Euro ___ , in Worten: Euro ___
Die Wohnung ist preisgebunden und die Miete daher aufgrund einer Wirtschaftlichkeitsberechnung ermittelt. Die Miete kann sich nach Maßgabe der gesetzlichen Vorschriften erhöhen oder ermäßigen.

Bewertung: Die Regelung ist für den Mieter als ungünstig anzusehen. Eine Vereinbarung über eine pauschale Warmmiete birgt für den Mieter unkalkulierbare Kostenrisiken.

2. Es wird für einen Zeitraum von 10 Jahren (maximal 10 Jahre) folgende Staffelmiete (jeweils mindestens ein Jahr unverändert) vereinbart:

Vom Vertragsbeginn bis ___ : ___ Euro
Von ___ bis ___ : ___ Euro
Von ___ bis ___ : ___ Euro
Von ___ bis ___ : ___ Euro
Von ___ bis ___ : ___ Euro
Von ___ bis ___ : ___ Euro
Von ___ bis ___ : ___ Euro
Von ___ bis ___ : ___ Euro
Von ___ bis ___ : ___ Euro
Von ___ bis ___ : ___ Euro

Bewertung: Eine Staffelmietvereinbarung ist aus Sicht des Mieters als neutral zu bewerten. Der Nachteil ist, dass die Miete automatisch in den vereinbarten Schritten steigt. Der Vorteil aus Mietersicht ist, dass darüber hinaus Mieterhöhungen nicht ohne weiteres zulässig sind. Vor allem in Ballungszentren mit Wohnungsnot kann eine solche Regelung im Einzelfall für Mieter auch vorteilhaft sein.

3. Die Miete für die Wohnung beträgt monatlich: ____ Euro; in Worten:
Euro _____
Die Miete für die mitvermietete Garage beträgt monatlich: ____ Euro; in Worten:
Euro _____
Zusätzlich sind auf die anfallenden Betriebs- und Nebenkosten monatliche Vorauszahlungen zu leisten, über die jährlich abgerechnet wird.

Bewertung: Eine solche Klausel ist aus Mietersicht als günstig bzw. gängig anzusehen. Diese Formulierung unterscheidet zwischen einer Kaltmiete und den anfallenden Nebenkosten. Eine solche Formulierung entspricht den überwiegenden Formulierungen in verwendeten Mietverträgen.

Zu Ihrer Orientierung zitieren wir hierzu wieder einige ausgewählte Gerichtsentscheidungen:
➜ Im Geltungsbereich der HeizKV (bei preisgebundenen Wohnungen also stets) sind Bruttowarmmieten nicht zulässig. Die HeizKV gibt dem Vermieter die Erfassung des Verbrauchs und dessen Verteilung vor. Mit diesen Vorgaben ist eine Bruttowarmmiete mangels Unterscheidbarkeit nicht zu vereinbaren (BGH, Urteil vom 19.07.2006, Az. VIII ZR 212/05).
➜ Mietstaffeln dürfen im Mietvertrag nicht als Quadratmetermieten ausgewiesen sein;

zahlt der Mieter trotzdem, kann er aber nichts zurückverlangen. Auch wenn die Höhe des Mietzinses und eine etwaige Erhöhung damit nicht den gesetzlichen Vorgaben entsprechen, zahlt der Mieter Miete im Bewusstsein, eine rechtsverbindliche Erklärung abzugeben (LG Berlin, Urteil vom 09.11.2010, Az. 63 S 138/10).

V. Klauseln zu Nebenkosten
Zu den Nebenkosten findet sich Folgendes:

1. Neben der Miete werden folgende Betriebskosten im Sinne der Betriebskostenverordnung umgelegt und durch Pauschalen (ohne Abrechnung) erhoben:

1. Für Wasserversorgung und Entwässerung, ____ Pauschale Euro ____;
2. Für Zentralheizung/zentrale Brennstoffversorgung/Versorgung mit Fernwärme, Pauschale Euro ____;
3. Für Warmwasserversorgung/Versorgung mit Fernwarmwasser, Pauschale Euro ____;
4. Für Aufzug/Aufzüge, Pauschale Euro ____;
5. Für laufende öffentliche Abgaben (z. B. Grundsteuer, Straßenreinigung, Müllabfuhr), Pauschale Euro ____;
6. Für Schornstein-, Kaminreinigung, Pauschalen Euro ____; Euro ____

Neben der Miete wird außerdem erhoben:
einZuschlag (z. B. für Untervermietung, gewerbliche Nutzung) Euro ____;
eine Vergütung (z. B. für Garage, Abstellplatz, Garten) Euro ____.

Insgesamt sind mithin vom Mieter zu zahlen Euro ____.

Bewertung: Eine solche Klausel ist für den Mieter als eher ungünstig anzusehen. Kostentransparenz im Hinblick auf die Nebenkosten entsteht nicht. Für den Mieter besteht die Gefahr, dass überhöhte Nebenkosten zur Abrechnung gelangen. Umgekehrt kann der Mieter bei steigenden Betriebskosten von der Regel profitieren, wenn der Vermieter Erhöhungen nicht weitergibt.

2. Neben der Miete sind folgende Betriebskosten i.S.d. Anlage 3 zu § 27 Abs. 1 der II. Berechnungsverordnung zu zahlen.

Zu den Betriebskosten gehören (Zutreffendes unbedingt ankreuzen):

☐ *die laufenden öffentlichen Lasten des Grundstücks (z.B. Grundsteuer)*

☐ *die Kosten für Wasserversorgung und Entwässerung*

☐ *die Kosten für die zentrale Heizungs- und Warmwasserversorgung, Reinigung und Wartung von Etagenheizungen und Warmwassergeräten (zusätzlich gilt insofern § 12)*

☐ *die Kosten des Betriebs des maschinellen Personen- und Lastenaufzugs*

☐ *die Kosten der Straßen- und Gehwegreinigung*

☐ *die Kosten der Müll- und Abfallentsorgung*

☐ *die Kosten der Hausreinigung und Ungezieferbekämpfung*

☐ *die Kosten der Gartenpflege*

☐ *die Kosten der Allgemeinbeleuchtung*

☐ *die Kosten der Schornsteinreinigung*

☐ *die Kosten der Sach- und Haftpflichtversicherung*

☐ *die Kosten für den Hauswart*

☐ *die Kosten des Betriebs der Gemeinschaftsantenne/Satellitenanlage*

☐ *die Kosten für den Anschluss der Wohnung an das Breitbandkabel*

☐ *die Kosten des Betriebs der maschinellen Wascheinrichtung*

☐ *sonstige Betriebskosten, nämlich*

_____

Die monatlichen Vorauszahlungen betragen für:
a) die Heizungs- und Warmwasserkosten ____ Euro.
b) die sonstigen Betriebs- und Nebenkosten ____ Euro.

Eine Erhöhung der Betriebskosten kann der Vermieter anteilig auf den Mieter umlegen und angemessene Vorauszahlungen unter Berücksichtigung des Wirtschaftlichkeitsgrundsatzes neu festsetzen. Die Erklärung hat schriftlich zu erfolgen. Der Mieter schuldet den erhöhten Vorauszahlungsbetrag mit Beginn des auf die Erklärung folgenden übernächsten Monats. In der Erklärung ist der Grund für die Erhöhung der Umlage zu bezeichnen und zu erläutern. Eine angemessene Erhöhung der Vorauszahlung kann der Vermieter auch nach einer Jahresabrechnung unter Berücksichtigung des Wirtschaftlichkeitsgrundsatzes durch schriftliche Erklärung vornehmen.

Die Abrechnung der Betriebskosten erfolgt kalenderjährlich / jeweils zum ____ (Nichtzutreffendes streichen). Der Vermieter kann die Abrechnungsperiode nach billigem Ermessen ändern, wenn eine ordnungsgemäße Bewirtschaftung dies erfordert. Der Vermieter nimmt die Abrechnung innerhalb angemessener Frist vor, nachdem ihm die hierzu erforderlichen Abrechnungsunterlagen vorliegen, spätestens jedoch zwölf Monate nach Ablauf der jeweiligen Abrechnungsperiode. Ergibt sich aus der Abrechnung für den Mieter eine Nachzahlung bzw. für den Vermieter eine Rückzahlung, sind beide Beträge vier Wochen nach Erteilung der Abrechnung zur Zahlung fällig. Sofern der Mieter Einwendungen gegen die Abrechnung erhebt, sind diese innerhalb von 12 Monaten nach deren Zugang zu erheben. Nach Ablauf dieser Frist ist der Mieter mit eventuellen Einwendungen ausgeschlossen, sofern die Fristversäumnis nicht ohne Verschulden erfolgte.

Die Umlegung der Kosten erfolgt gemäß § 556a Abs. 1 BGB, d.h. die Umlage erfolgt grundsätzlich nach dem Anteil der Wohnfläche. Ferner gilt Folgendes:
a) Betriebskosten, die von einem erfassten Verbrauch oder einer erfassten Verursachung durch den Mieter abhängen, werden verbrauchsabhängig umgelegt.
b) Bei Abrechnung der Heiz- und Warmwasserkosten durch eine Abrechnungsfirma ist deren Abrechnungsart verbindlich. Nach Wahl des Vermieters sind 50–70 % der Heiz- und Warmwasserkosten nach dem erfassten Wärmeverbrauch (Erfassungsgeräte) und 30–50 % der Kosten nach der Wohnfläche umzulegen.
c) Die Kosten von Wasser und Abwasser werden nach Wahl des Vermieters nach dem Verhältnis der zu den einzelnen Haushalten der Mieter gehörenden Personen oder nach dem Verhältnis der Wohnflächen umgelegt, sofern sie nicht mittels Wasseruhren nach dem erfassten Verbrauch abgerechnet werden können.

Bewertung: Eine solche Klausel zu den Nebenkosten ist als gängig anzusehen. Die Verteilungsmaßstäbe entsprechend den gesetzlichen Vorgaben. Eine Benachteiligung zulasten des Mieters durch Abweichen von den gesetzlichen Bestimmungen liegt nicht vor.

VI. Klauseln zur Nutzung

Zur Nutzung ist Folgendes zu beachten:

1. Der Mieter darf die Mietsache nur zu den im Vertrag bestimmten Zwecken benutzen. Mit Rücksicht auf die Belange des Vermieters, die Gesamtheit der Mieter und im Interesse einer ordnungsgemäßen Bewirtschaftung des Hauses und der Wohnung bedarf der Mieter der vorherigen schriftlichen Zustimmung des Vermieters, wenn er
→ die Mietsache oder einen Teil derselben zu anderen als Wohnzwecken nutzen oder nutzen lassen will
→ ein Schild (ausgenommen übliche Namensschilder an den dafür vorgesehenen Stellen), eine Aufschrift oder einen Gegenstand in gemeinschaftlichen Räumen, im oder am Haus oder auf dem Grundstück anbringen oder aufstellen will;
→ eine Antenne anbringen oder verändern will;
→ die Heizung, insbesondere Öl-, Gas- oder Elektroheizung, umstellen will;
→ in den Mieträumen, im Haus oder auf dem Grundstück außerhalb vorgesehener Park-, Einstell- oder Abstellplätze ein Kraftfahrzeug, ein Moped oder ein Mofa abstellen will;
→ Um-, An- und Einbauten sowie Installationen oder andere Veränderungen der Mietsache vornehmen will.
Der Mieter haftet ohne Rücksicht auf eigenes Verschulden für alle Schäden, die durch besondere Nutzungen der Mietsache nach den vorgenannten Bestimmungen während der Überlassung der Mietsache an den Mieter verursacht werden, auch wenn der Vermieter zugestimmt hat.

Bewertung: Diese Regelung ist für den Mieter als ungünstig anzusehen. Das Zustimmungserfordernis für Einbauten oder Nutzungsänderungen entspricht der gesetzlichen Lage. Die verschuldensunabhängige Haftung ist eine deutliche Benachteiligung zulasten des Mieters. Eine solche Bestimmung birgt ein erhöhtes Haftungsrisiko des Mieters.

2. Eine andere Nutzung als zu den in Abs. 1 bestimmten Zwecken ist nur mit vorheriger schriftlicher Zustimmung des Vermieters gestattet. Verweigert der Vermieter seine Zustimmung, berechtigt dies den Mieter nicht zur vorzeitigen Kündigung des Mietverhältnisses. Der Mieter ist verpflichtet, sich bei Einzug polizeilich an- und bei Auszug polizeilich abzumelden. Er ist verpflichtet, dem Vermieter seine neue Anschrift mitzuteilen. Verstößt er schuldhaft gegen die vorstehenden Pflichten, so haftet er dem Vermieter für dadurch entstehende Schäden. Die vorstehenden Ausführungen gelten auch für in die Mieträume aufgenommene Dritte.

Bewertung: Eine solche Bestimmung ist für den Mieter als neutral anzusehen. Ein Abweichen von den gesetzlichen Vorschriften zulasten des Mieters und damit eine Benachteiligung liegt nicht vor.

Zu Ihrer Orientierung zitieren wir hier wieder einige der maßgeblichen Gerichtsentscheidungen:

→ Stellt der Vermieter keinen Kabelanschluss bereit, muss er der Installation einer Parabolantenne zustimmen. Das Interesse des Mieters, sich Informationen zu beschaffen und damit seine Grundrechte zu verwirklichen, überwiegt das Interesse des Vermieters, eine von baulichen Anlagen freie Außenfassade zu haben (BGH, Urteil vom 16.05.2007, Az. VIII ZR 207/04).

→ Können ausländische Mieter eine angemessene Zahl von Programmen aus der jeweiligen Heimat nicht über den Kabelanschluss empfangen, muss der Vermieter eine Parabolantenne dulden. Der ausländische Mieter kann sich auf seine grundrechtlich geschützte Informations- und Meinungsfreiheit berufen. Diese geht dem Vermieterinteresse vor (BVerfG, Beschluss vom 09.02.1994, Az. 1 BvR 1687/92).

→ Der Vermieter ist im Einzelfall verpflichtet, einer teilgewerblichen Nutzung der

Wohnung zuzustimmen, wenn es sich um eine Tätigkeit ohne Mitarbeiter und ohne ins Gewicht fallenden Kundenverkehr handelt. Gehen keine beeinträchtigenden Auswirkungen von der teilgewerblichen Nutzung aus, überwiegt das Interesse des Mieters, sich gemäß seinen Grundrechten betätigen zu können, das Schutzinteresse des Vermieters (LG Berlin, Urteil vom 06.03.2015, Az. 65 S 366/14).

VII. Klauseln zur Tierhaltung
Zur Tierhaltung finden sich eine Reihe relativ identischer Klauseln. Das Thema selbst hat Konfliktpotenzial im Hinblick auf Rechtsstreite.

1. Mit Rücksicht auf die Belange des Vermieters, die Gesamtheit der Mieter und im Interesse einer ordnungsgemäßen Bewirtschaftung des Hauses und der Wohnung bedarf der Mieter der vorherigen schriftlichen Zustimmung des Vermieters, wenn er ein Tier halten will. Der Vermieter darf die Zustimmung zur Tierhaltung nicht verweigern, wenn Belästigungen der Hausbewohner und Nachbarn sowie Beeinträchtigungen der Mietsache und des Grundstücks nicht zu erwarten sind. Der Vermieter kann eine Zustimmung widerrufen oder eine ohne Zustimmung zulässige Tierhaltung untersagen, wenn Auflagen nicht eingehalten, Hausbewohner oder Nachbarn belästigt werden oder wenn die Mietsache oder das Grundstück beeinträchtigt wird.

Bewertung: Eine solche Klausel ist für den Mieter als neutral zu bewerten. Ein Genehmigungserfordernis an und für sich ist nicht zu beanstanden. Die Gründe für eine Versagung oder einen Widerruf der Zustimmung sind hinreichend deutlich gemacht.

2. Das Halten von Tieren, die Störungen, Verschmutzungen sowie Belästigungen anderer Mitbewohner verursachen können, ist nicht gestattet.
Dies gilt auch für die nur vorübergehende Verwahrung von Tieren. Eine vom Vermieter erteilte Erlaubnis kann bei Eintritt von Unzuträglichkeiten widerrufen werden. Der Mieter haftet für alle durch die Tierhaltung entstehenden Schäden.

Bewertung: Diese Klausel ist für den Mieter als ungünstig anzusehen. Auch wenn ein solches pauschales Verbot von der Rechtsprechung als nicht zulässig angesehen wird, ist das Konfliktpotenzial beträchtlich. Auch für kleine Haustiere sind Auseinandersetzungen vor Gericht daher fast programmiert.

Zu Ihrer Orientierung zitieren wir hierzu wieder einige der maßgeblichen Gerichtsentscheidungen:
→ Ein generelles Hunde- und Katzenhaltungsverbot ist unwirksam. Für ein wirksames Verbot muss feststehen, dass Lärm- oder Geruchsbeeinträchtigungen bzw. andere schwerwiegende Störungen durch die Tierhaltung entstehen (BGH, Urteil vom 20.03.2013, Az. VIII ZR 168/12).
→ Ein Zustimmungsvorbehalt ist unwirksam, wenn die Zustimmung im freien Ermessen des VM steht. Die Kriterien, unter welchen die Tierhaltung gestattet oder untersagt werden kann, müssen überprüfbar sein (BGH, Beschluss vom 25.09.2012, Az. VIII ZR 329/11).

VIII. Klauseln zu Untermietern und Überlassung an Dritte

Untervermietung und Überlassung an Dritte wird häufig identisch verwendet. Tatsächlich sind die Begriffe aber nicht deckungsgleich. Folgende Klauseln finden sich in vielen Mustermietverträgen:

1. Die Überlassung der Mietsache an einen Dritten bedarf der Zustimmung des Vermieters. Verweigert der Vermieter die Zustimmung zur Überlassung der Mietsache oder eines Teils derselben an einen Dritten, so kann der Mieter den Mietvertrag unter Einhaltung der gesetzlichen Frist – das ist am dritten Werktag eines Kalendermonats für den Ablauf des übernächsten Monats – kündigen, sofern nicht in der Person des Dritten ein wichtiger Grund vorliegt.
Entsteht für den Mieter nach Abschluss des Mietvertrags ein berechtigtes Interesse, einen Teil der Mietsache einem Dritten zum Gebrauch zu überlassen, so kann er vom Vermieter die Zustimmung hierzu verlangen, wenn nicht entweder in der Person des Dritten ein wichtiger Grund vorliegt, die Mietsache übermäßig belegt würde oder dem Vermieter die Überlassung aus anderen Gründen nicht zugemutet werden kann. Ist dem Vermieter die Überlassung nur bei einer angemessenen Erhöhung der Miete zuzumuten, so kann er die Zustimmung davon abhängig machen, dass der Mieter sich mit einer solchen Erhöhung einverstanden erklärt.
Der Vermieter ist zur fristlosen Kündigung berechtigt, wenn der Mieter ungeachtet einer schriftlichen Abmahnung des Vermieters einem Dritten den ihm unbefugt überlassenen Gebrauch belässt.

Bewertung: Die Klausel ist für den Mieter als neutral anzusehen. Diese Bestimmungen geben die gesetzliche Regelung wieder, sodass eine nachteilige Stellung zulasten des Mieters grundsätzlich nicht besteht.

2. Der Mieter ist ohne ausdrückliche Erlaubnis des Vermieters nicht zu einer Gebrauchsüberlassung an Dritte berechtigt. Insbesondere bedarf eine Untervermietung der vorherigen schriftlichen Zustimmung des Vermieters. Ausgenommen hiervon ist Besuch des Mieters. Das Recht des Mieters, die Erlaubnis des Vermieters zur Überlassung der Mietsache an Dritte gemäß § 553 BGB zu verlangen, bleibt unberührt.

Bewertung: Auch diese Regelung ist als neutral zu bewerten. Im Wesentlichen wird auch hier die Rechtslage wiedergegeben.

Zu Ihrer Orientierung zitieren wir hier wieder einige der maßgeblichen Gerichtsentscheidungen:
→ Auf die Erlaubnis zur Aufnahme eines Lebensgefährten hat der Mieter im Regelfall einen Anspruch. Es bedarf zwar grundsätzlich nach wie vor eine Erlaubnis, der Anspruch auf Erteilung der Erlaubnis ergibt sich jedoch in der Regel aus grundrechtlich geschützten Positionen des Mieters (BGH, (BGH, Urteil vom 05.11.2003, Az. VIII ZR 371/02).
→ Der Mieter hat bei längerem Auslandsaufenthalt Anspruch auf eine Untervermietungserlaubnis. Das Ziel, Kosten einer etwaigen doppelten Haushaltsführung möglichst gering zu halten, ist ein von der Rechtsordnung gedecktes Ziel (BGH, Urteil vom 11.06.2014, Az. VIII ZR 349/13).
→ Ein berechtigtes Interesse an der Untervermietung besteht bereits, wenn der Mieter durch die Untervermietung seine Wohnkosten reduzieren will; der Mieter selbst muss in der Wohnung keinen Lebensmittelpunkt haben (BGH, Urteil vom 23.11.2005, Az. VIII ZR 4/05).

IX. Klauseln zu Schönheitsreparaturen

Zu den problematischsten Klauseln gehören diejenigen über die Schönheitsreparaturen:

1. Die Schönheitsreparaturen während der Mietdauer übernimmt auf eigene Kosten der Vermieter.

Bewertung: Eine solche Klausel ist als für den Mieter nur günstig anzusehen. Der Vermieter übernimmt vollständig die Kosten. Gleiches gilt, wenn Schönheitsreparaturen überhaupt nicht geregelt werden.

2. Die Schönheitsreparaturen während der Mietdauer übernimmt auf eigene Kosten der Mieter.

Zu den Schönheitsreparaturen gehören das Tapezieren, Anstreichen oder Kalken der Wände und Decken, das Streichen der Fußböden, der Heizkörper einschließlich der Heizrohre, der Innentüren sowie der Fenster und Außentüren von innen.
Hat der Mieter die Schönheitsreparaturen übernommen, so hat er spätestens bei Ende des Mietverhältnisses alle bis dahin je nach dem Grad der Abnutzung oder Beschädigung erforderlichen Arbeiten auszuführen, soweit nicht der neue Mieter sie auf seine Kosten – ohne Berücksichtigung im Mietpreis – übernimmt oder dem Vermieter diese Kosten erstattet. Werden Schönheitsreparaturen wegen des Zustands der Wohnung bereits während der Mietdauer notwendig, um nachhaltige Schäden an der Substanz der Mieträume zu vermeiden oder zu beseitigen, so sind die erforderlichen Arbeiten jeweils unverzüglich auszuführen.

Die Schönheitsreparaturen müssen fachgerecht ausgeführt werden. Kommt der Mieter seinen Verpflichtungen nicht nach, so kann der Vermieter nach fruchtloser Aufforderung des Mieters zur Durchführung der Arbeiten Ersatz der Kosten verlangen, die zur Ausführung der Arbeiten erforderlich sind. Bei Nichterfüllung seiner Verpflichtungen nach Satz 2 hat der Mieter die Ausführung dieser Arbeiten während des Mietverhältnisses durch den Vermieter oder dessen Beauftragten zu dulden.

Bewertung: Diese Regelung ist für den Mieter als neutral anzusehen. Eine solche Formulierung entspricht der neueren Rechtsprechung. Starre Fristen sind nicht enthalten, eine Übernahme der Schönheitsreparaturen durch den Mieter ist generell zulässig und nicht ausschließlich nachteilig für den Mieter.

3. Der Mieter hat eine renovierte Wohnung übernommen. Bei Beendigung des Mietverhältnisses hat der Mieter den Zustand, der zu Beginn des Mietverhältnisses vorlag, wieder herzustellen. Er hat bei seinem Auszug insbesondere folgende Arbeiten auf seine Kosten fachmännisch auszuführen bzw. ausführen zu lassen: Entfernen alter Tapeten, Tapezieren und Anstreichen (weiß) der Wände und Decken innerhalb der Wohnung, Streichen der Heizkörper und Heizrohre sowie anderer Versorgungsleitungen, der Innentüren, der Fenster (auch Doppelfenster und Vorfenster von innen) und Außentüren von innen sowie der übrigen Holzteile.

Ferner hat der Mieter während der Dauer des Mietverhältnisses die Schönheitsreparaturen auf seine Kosten auszuführen. Zu den Schönheitsreparaturen gehören insbesondere: das Entfernen alter Tapeten, das Tapezieren und Anstreichen der Wände und Decken innerhalb der Wohnung, das Streichen der Heizkörper und Heizrohre sowie anderer Versorgungsleitungen, der Innentüren, der Fenster (auch Doppelfenster und Vorfenster von innen) und Außentüren von innen sowie der übrigen Holzteile. Die Schönheitsreparaturen sind während der Vertragszeit nach Ablauf folgender Zeitspannen seit Beginn des Mietverhältnisses bzw. seit der letzten Durchführung vorzunehmen:

→ Küche, Bad bzw. Duschräume, Toilette alle 3 Jahre
→ alle übrigen Wohnräume und Flur alle 5 Jahre.

Bei den vorgenannten Fristen handelt es sich um Regelfristen. Dem Mieter obliegt der Beweis dafür, dass eine Renovierung nach Ablauf der Regelfrist nicht erforderlich ist.

Endet das Mietverhältnis vor Eintritt der Verpflichtung zur Durchführung von Schönheitsreparaturen und führt der Mieter die Schönheitsreparaturen nicht nach Maßgabe der Ziffer 1 durch, so ist der Mieter verpflichtet, die anteiligen Kosten für die Schönheitsreparaturen aufgrund eines Kostenvoranschlags eines vom Vermieter auszuwählenden Malerfachbetriebs an den Vermieter nach folgender Maßgabe zu zahlen:
Wenn die Schönheitsreparaturen seit Beginn des Mietverhältnisses oder seit einer späteren Vornahme länger zurückliegen als:

bei Küche, Bad, WC:	bei allen anderen Räumen:
7 Monate mit 20%	12 Monate mit 20%
11 Monate mit 30%	18 Monate mit 30%
15 Monate mit 40%	24 Monate mit 40%
19 Monate mit 50%	30 Monate mit 50%
23 Monate mit 60%	36 Monate mit 60%
27 Monate mit 70%	42 Monate mit 70%
31 Monate mit 80%	48 Monate mit 80%
34 Monate mit 90%	54 Monate mit 90%

Weist der Mieter binnen 2 Wochen nach Zugang dieses Voranschlags durch den Voran-

schlag eines anderen Malerfachbetriebs für die gleichen Arbeiten einen geringeren Kostenaufwand nach, so ist dieser maßgebend, es sei denn, dass dieser Handwerker die Ausführungen der Arbeiten ablehnt. Führt der Mieter die Arbeiten nach Ziffer 1. nur teilweise durch, so reduziert sich die Zahlungspflicht aus Ziffer 4 anteilig.

Unberührt von dieser Regelung bleiben etwa weitergehende Ansprüche des Vermieters wegen Verzugs.

Bewertung: Es sind starre Fristen vorgegeben. Eine solche Regelung ist rechtlich unwirksam. Sie wird ersetzt durch die gesetzlichen Vorschriften und ist damit für den Mieter vorteilhaft.

Zu Ihrer Orientierung zitieren wir hier wieder einige wichtige Gerichtsentscheidungen:
→ Schönheitsreparaturklauseln sind unwirksam, wenn der Wohnraum bei Vertragsbeginn unrenoviert übergeben wurde (BGH, Urteil vom 18.03.2015, Az. VIII ZR 185/14).
→ Feste Farbvorgaben bei Schönheitsreparaturen sind unzulässig. Feste Farbvorgaben nur für die Rückgabe der Wohnung sind zulässig; das gilt aber auch nur dann, wenn für den Mieter noch ein gewisser Spielraum verbleibt (BGH, Urteil vom 22.02.2012, Az. VIII ZR 205/11).
→ Starre Renovierungsfristen sind unzulässig. Die Festlegung, dass Schönheitsreparaturen alle drei beziehungsweise alle fünf Jahre vorzunehmen sind, benachteiligten einen Mieter unangemessen (BGH, Urteil vom 05.04.2006, Az. VIII ZR 178/05).

X. Klauseln zur Instandhaltung
Hier finden sich häufig folgende Klauseln:

1. Der Mieter verpflichtet sich, die Mietsache und die zur gemeinschaftlichen Benutzung bestimmten Räume, Einrichtungen und Anlagen schonend und pfleglich zu behandeln. Er hat für ordnungsgemäße Reinigung der Mietsache und für ausreichende Lüftung und Heizung der ihm überlassenen Räume zu sorgen.

Zeigt sich ein nicht nur unwesentlicher Mangel der Mietsache oder wird eine Vorkehrung zum Schutze der Mietsache oder des Grundstücks gegen eine nicht vorhergesehene Gefahr erforderlich, so hat der Mieter dies dem Vermieter unverzüglich mitzuteilen.

Der Mieter haftet für Schäden, die durch schuldhafte Verletzung der ihm obliegenden Sorgfalts- und Anzeigepflicht entstehen, besonders wenn technische Anlagen und andere Einrichtungen unsachgemäß behandelt, die überlassenen Räume nur unzureichend gelüftet, geheizt oder gegen Frost geschützt werden. Insoweit haftet der Mieter auch für das Verschulden von Familienangehörigen, Hausangestellten, Untermietern und Personen, die sich mit seinem Willen in der Wohnung aufhalten oder ihn aufsuchen. Der Mieter hat zu beweisen, dass ein Verschulden nicht vorgelegen hat; das gilt nicht für Schäden an Räumen, Einrichtungen und Anlagen, die mehrere Mieter gemeinsam benutzen.

Der Vermieter wird die von ihm vertraglich übernommenen Arbeiten ausführen. Verzögert sich die Ausführung der Arbeiten, so ist der Mieter nicht berechtigt, den Mangel auf Kosten des Vermieters selbst zu beseitigen. Schadenersatz kann er nur fordern, wenn der Gebrauch der Mietsache nicht nur unerheblich gemindert ist und wenn der Vermieter die Ver-

*zögerung zu vertreten hat. Satz 3 gilt entspre-
chend, wenn Zugangswege und Außenanlagen
nicht rechtzeitig fertiggestellt werden. Das
Recht des Mieters zur Mietminderung bleibt
unberührt.*

*Der Vermieter verpflichtet sich, die gemein-
schaftlichen Zugänge, Räume, Einrichtungen
und Anlagen in einem ordnungsgemäßen Zustand zu erhalten. Schäden hieran, für die der
Mieter haftet, darf der Vermieter auf Kosten
des Mieters nach vorheriger Unterrichtung beseitigen.*

Bewertung: Diese Formulierungen sind als
gängige Klauseln anzusehen. Mit diesen Bestimmungen wird die gesetzliche Lage und
die ständige Rechtsprechung wiedergegeben. Eine Benachteiligung des Mieters
durch ungünstige Abweichung liegt nicht
vor.

*2. Der Mieter haftet dem Vermieter für Schä-
den, die durch ihn, seine Familienmitglieder,
Hausgehilfen, Untermieter, Besucher sowie die
von ihm beauftragten Handwerker usw.
schuldhaft verursacht werden. Dem Mieter obliegt der Beweis dafür, dass der einzelne Schaden nur auf den vertragsgemäßen Gebrauch
zurückzuführen, also von ihm nicht zu vertreten ist.*

*Der Mieter hat sich für Schäden zu versichern,
die durch Aufstellung oder Betrieb von Wasch-
oder Geschirrspülmaschinen, Ölöfen oder Öl-
tanks sowie sonstigen gefahrträchtigen Anlagen entstehen können. Unterlässt er dies, haftet er auch ohne Vorliegen eines Verschuldens
im Einzelfall für solche Schäden.*

Bewertung: Diese Formulierung ist für den
Mieter eher ungünstig. Die Haftungsvertei-
lung entspricht zwar den gesetzlichen
Grundwertungen. Unklar ist allerdings, was

„gefahrträchtige" Anlagen sein sollen. Hier
besteht Konfliktpotenzial.

Zu Ihrer Orientierung zitieren wir hier
zwei wichtige Gerichtsentscheidungen:
→ Keine Haftungsabwälzung auf den Mieter
für unverschuldete Schäden. Eine derartige
Klausel weicht vom üblichen Haftungsrecht
des bürgerlichen Rechts so stark ab, dass
sie unwirksam ist (BGH, Urteil vom
01.04.1992, Az. XII ZR 100/91).
→ Keine Verpflichtung des Mieters zur ei-
genhändigen Instandhaltung. Bestimmt eine
Klausel, dass die Instandhaltung durch den
Mieter selbst vorgenommen werden muss
und lässt sie ihm damit nicht die Wahl, eine
Kostenübernahme zu bevorzugen, ist eine
solche Klausel unangemessen benachteili-
gend (BGH, Urteil vom 06.05.1992, Az. VIII
ZR 129/91).

XI. Klauseln zu Kleinreparaturen

Zu Kleinreparaturen finden sich folgende
Klauseln:

*1. Die Kosten der Instandhaltung trägt der Ver-
mieter.*

Bewertung: Eine solche Regelung ist für
den Mieter nur günstig. Sämtliche Kosten
der Instandhaltung trägt der Vermieter; eine
Kostenbelastung für den Mieter tritt für diese Kosten nicht ein.

*2. Kleine Instandhaltungen, die während der
Mietdauer erforderlich werden, sind vom Mieter auf eigene Kosten fachgerecht auszuführen, soweit die Schäden nicht vom anderen
Vertragspartner zu vertreten sind.*

Die kleinen Instandhaltungen umfassen nur das Beheben kleiner Schäden an den Installationsgegenständen für Elektrizität, Wasser und Gas, den Heiz- und Kocheinrichtungen, den Fenster- und Türverschlüssen sowie den Verschlussvorrichtungen von Fensterläden.

Bewertung: Diese Regelung ist rechtlich unwirksam, da die Angabe eines Höchstbetrags zur Begrenzung der Ausgaben fehlt. Sie ist also für den Mieter günstig. Eine Definition, was kleine Schäden sind, fehlt außerdem.

3. Kleine Instandhaltungs- und Instandsetzungsarbeiten innerhalb der Wohnräume sind, ohne dass es auf ein Verschulden ankommt, bis zu einem Betrag von 80,00 Euro im Einzelfall durch den Mieter zu tragen. Gegebenenfalls sind die angefallenen Kosten dem Vermieter zu erstatten. Diese Verpflichtung beschränkt sich auf die Teile der Mietsache, die dem häufigen Zugriff des Mieters ausgesetzt sind. Dies sind insbesondere die Installationsgegenstände für Elektrizität, Gas und Wasser, Heiz- und Kocheinrichtungen, Fenster- und Türverschlüsse sowie Verschlussvorrichtungen von Fensterläden. Die Kosten, die der Mieter für solche Instandhaltungs- und Instandsetzungsarbeiten aufzuwenden hat, sind für jedes Vertragsjahr begrenzt auf 300 Euro, jedoch nicht mehr als 10 % der jeweils geschuldeten Jahresnettomiete.

Bewertung: Diese Regelung ist für den Mieter neutral. Eine Benachteiligung für den Mieter ist in einer solchen Regelung nach der Rechtsprechung nicht zu sehen. In diesem Umfang mit der entsprechenden Begrenzung dürfen Kleinreparaturen auf den Mieter abgewälzt werden.

Zu Ihrer Orientierung zitieren wir hierzu wieder eine wichtige Gerichtsentscheidung:

→ Kleinreparaturen dürfen pro Einzelfall 75–110 Euro nicht überschreiten; die Gesamtkosten dürfen maximal 100–200 Euro bzw. 8 % der Jahresgrundmiete betragen (BGH, Urteil vom 06.05.1992, Az. VIII ZR 129/91).

XII. Klauseln zur Kündigung
Zu Kündigungen existieren die folgenden häufigen Versionen:

1. Ist der Mietvertrag auf unbestimmte Zeit vereinbart, so richtet sich das Kündigungsrecht des Mieters und des Vermieters nach den gesetzlichen Vorschriften.
Für die Rechtzeitigkeit der Kündigung kommt es nicht auf die Absendung, sondern auf den Zugang des Kündigungsschreibens an.
Die Kündigung ohne Einhaltung einer Kündigungsfrist (fristlose Kündigung) richtet sich nach den gesetzlichen Vorschriften.
Die Kündigung muss schriftlich erfolgen. Im Übrigen sind die gesetzlichen Vorschriften zu beachten.

Bewertung: Diese Formulierung ist für den Mieter als gängig zu bewerten, sie ist neutral. Diese Klausel nimmt Bezug auf das Gesetz. Für Zugang und Schriftformerfordernis wird ebenfalls auf das Gesetz bzw. die Anforderungen aus der Rechtsprechung Bezug genommen. Das ist keine Benachteiligung zulasten des Mieters.

2. Ist der Mietvertrag auf unbestimmte Zeit vereinbart, so kann der Mieter den Mietvertrag bis zum dritten Werktag eines Kalendermonats für den Ablauf des übernächsten Kalendermonats kündigen. Das Kündigungsrecht des Vermieters richtet sich nach den gesetzlichen Vorschriften.

Bewertung: Auch diese Klausel ist neutral. Die Kündigungsfrist für den Mieter entspricht der gesetzlichen Regelung, bei der Kündigungsfrist für den Vermieter erfolgt nur eine Bezugnahme auf das Gesetz.

3. Ist der Mietvertrag auf unbestimmte Zeit vereinbart, richtet sich das Kündigungsrecht des Mieters nach den gesetzlichen Vorschriften. Die Kündigung ist mit eingeschriebenem Brief zu erklären.

Bewertung: Diese Formulierung ist für den Mieter ungünstig. Bei der Kündigung selbst nimmt die Klausel zwar Bezug auf die gesetzlichen Vorschriften. Bei der Form der Kündigung findet sich jedoch eine Formerschwerung. Das ist ein Abweichen von den gesetzlichen Vorschriften zulasten des Mieters.

Zu Ihrer Orientierung zitieren wir hierzu eine wichtige Gerichtsentscheidung:
→ Ist eine Kündigung per eingeschriebenem Brief vereinbart, genügt auch einfache Schriftform. Ein strengeres Formerfordernis bzw. Zugangserfordernis für eine Kündigung ist unwirksam. Auf eine derartige Klausel kann sich der Vermieter nicht berufen (BGH, Urteil vom 21.01.2004, Az. XII ZR 214/00).

XIII. Klauseln zur Rückgabe

Im Anschluss an die Bestimmungen zur Kündigung der Mietwohnung finden sich die Regelungen über die gegenseitigen Rechte und Pflichten zur Rückgabe und Rücknahme der Mietwohnung. Folgende Klauseln sind häufig:

1. Bei Ende des Mietvertrags hat der Mieter die Mietsache vollständig geräumt und sauber zurückzugeben. Alle Schlüssel, auch vom Mieter selbst beschaffte, sind dem Vermieter zu übergeben. Der Mieter haftet für alle Schäden, die dem Vermieter oder einem Mietnachfolger aus der Nichtbefolgung dieser Pflicht entstehen.

Einrichtungen, mit denen der Mieter die Mietsache versehen hat, darf er wegnehmen. Der Vermieter kann die Ausübung des Wegnahmerechts durch Zahlung einer angemessenen Entschädigung abwenden; es sei denn, dass der Mieter ein berechtigtes Interesse an der Wegnahme hat.

Hat der Mieter bauliche Veränderungen an der Mietsache vorgenommen oder sie mit Einrichtungen versehen, so ist er auf Verlangen des Vermieters verpflichtet, bei Ende des Mietvertrags auf seine Kosten den ursprünglichen Zustand wiederherzustellen, sofern nichts anderes schriftlich vereinbart ist.

Bewertung: Diese Formulierung ist für den Mieter neutral. Mit den gegenseitigen Rechten und Pflichten aus dieser Klausel wird das Gesetz bzw. die ständige Rechtsprechung wiedergegeben. Eine nachteilige Stellung des Mieters im Vergleich zum Gesetz gibt diese Klausel nicht wieder.

2. Bei Beendigung des Mietverhältnisses hat der Mieter die Wohnung besenrein, untervermietungsfrei und mit sämtlichen ihm überlassenen und von ihm zusätzlich beschafften Schlüsseln zurück zu geben.

Bewertung: Diese Formulierung ist für den Mieter als günstig anzusehen. Eine Abweichung vom Gesetz liegt nicht vor.

Zu Ihrer Orientierung zitieren wir hierzu wichtige Gerichtsentscheidungen:

→ Bei Rückgabe haftet der Mieter für verlorene Wohnungsschlüssel gem. §§ 280 Abs. 1, 241 Abs. 2 BGB. Muss aufgrund des Verlusts die Schließanlage ausgetauscht werden, hat der Mieter die Kosten zu tragen. Das gilt aber nur, wenn tatsächlich ein Austausch der Schließanlage erfolgt (BGH, Urteil vom 05.03.2014, Az. VIII ZR 205/13).

→ Die Pflicht zur „besenreinen" Rückgabe der Wohnung beschränkt sich auf die Beseitigung grober Verschmutzungen. Nikotinspuren sind keine groben Verschmutzungen, wenn nicht das Rauchen durch eine Klausel im Mietvertrag in der Wohnung ausgeschlossen worden war (BGH, Urteil vom 28.06.2006, Az. VIII ZR 124/05).

→ Rückbauklauseln müssen sich am Zustand orientieren, in dem sich die Wohnung bei Anmietung befand. Der Mieter muss nicht Tapeten entfernen, die er im Zuge von Schönheitsreparaturen angebracht hat, wenn er die Wohnung ebenfalls teilweise renovierungsbedürftig übernommen hat (BGH, Urteil vom 05.04.2006, Az. VIII ZR 152/05).

Die Hausordnung

Die Hausordnung wird von Mietern häufig nicht ernst genug genommen. Dabei finden sich auch hier Regelungen, die verbindlich gelten. Sie können für das spätere Miteinander im Haus, aber auch für die Rechtsposition gegenüber dem Vermieter sehr wichtig werden.

In der Regel wird man den Text der Hausordnung nicht verhandeln können. Trotzdem muss man sich darüber im Klaren sein, dass ein Verstoß gegen die hier aufgeführten Regelungen auch zu einer Abmahnung und im Wiederholungsfall sogar zu einer Kündigung des Mietverhältnisses führen kann. Dies setzt aber voraus, dass die Hausordnung wirksam vereinbart ist, also dem Vertrag als Anlage beigefügt oder zumindest allgemein einsehbar ausgehängt war.

Der Check für die Hausordnung

In letzter Zeit tauchen in Hausordnungen zunehmend Anforderungen an die Nutzung der Mietsache, zum Beispiel das geschuldete Lüftungsverhalten auf, die überzogen und daher häufig unwirksam sind. Solche überzogenen Regelungen können aber auch ein Indiz für eine Anfälligkeit der Wohnung, zum Beispiel für Schimmelpilz sein. Will man eine solche Wohnung überhaupt mieten?

Lüften

Um Feuchtigkeitsschäden am Mietobjekt entgegenzuwirken, darf die Hausordnung den Mieter dazu verpflichten, seine Wohnung zu lüften. Üblich wäre zwei- bis dreimal täglich für fünf bis zehn Minuten durchzulüften. Übermäßiges Lüften (zum Beispiel bis zu siebenmal täglich) darf jedoch ebenso wenig verlangt werden wie ein Lüften zu genau festgelegten Zeiten.

Heizen

Grundsätzlich steht es im freien Ermessen des Mieters, die Wohnung nach seinen individuellen Bedürfnissen zu beheizen. Regelungen bezüglich der einzuhaltenden Mindesttemperatur sind daher ebenso unzulässig wie vorgeschriebene Höchsttemperaturen. Die Hausordnung kann den Mieter jedoch wirksam dazu verpflichten, seine Wohnung in der kalten Jahreszeit ausreichend zu beheizen, um Schimmel- und Feuchtigkeitsbildung beziehungsweise ein Einfrieren der Sanitäranlagen und Heizungsrohre zu verhindern.

Haustiere

Bezüglich der Haltung von Haustieren gilt grundsätzlich das zum Mietvertrag Gesagte (siehe „Haustiere" Seite 51). So sind insbesondere generelle Tierhalteverbote unwirksam. Die Hausordnung darf Tierhalter jedoch zum Entfernen tierbedingter Verunreinigungen verpflichten und sogar das freie Herumlaufen von Hunden und Katzen im Treppenhaus und in den Außenanlagen verbieten (Bayerisches Oberlandesgericht, Urteil v. 2.6.2004, Az. 2Z BR 099/04). Katzenhalter, die ihren Tieren Freigang gewähren möchten, sollten vor Abschluss eines Mietvertrags daher unbedingt die Hausordnung auf entsprechende Klauseln überprüfen.

Lärm

Um ein harmonisches Zusammenleben der Mietparteien sicherzustellen, dürfen Ruhezeiten festgelegt werden, innerhalb derer Geräusche auf Zimmerlautstärke zu reduzieren sind. Üblich sind Ruhezeiten von 22.00 bis 7.00 Uhr, von 13.00 bis 15.00 Uhr sowie ganztägig an Sonn- und Feiertagen. Innerhalb dieser Zeiten sollten vor allem Musik-, Party- und Baulärm vermieden werden. Typische Lebensäußerungen wie Kinderlärm oder Bad- und Toilettengeräusche bleiben jedoch auch in Ruhezeiten zulässig. Darüber hinaus darf häusliches Musizieren auf bis zu zwei Stunden am Tag beschränkt werden.

Grillen

Das Grillen auf dem Balkon, der Terrasse oder im Garten kann wirksam untersagt werden. Dies gilt gleichermaßen für Holzkohle- wie für Elektrogrills, da in beiden Fällen mit Belästigungen der Mitmieter durch Rauch und Geruch gerechnet werden kann (Landgericht Essen, Urteil vom 07.02.2002, Az.10 S 438/01).

Hausreinigung

Ist der Mieter vertraglich zur Reinigung von Gemeinschaftsflächen wie dem Treppenhaus verpflichtet, kann die Hausordnung diese Pflicht näher ausgestalten. Geregelt werden darf, in welchem Turnus (Kehrwoche) die einzelnen Mieter zu Reinigungsarbeiten verpflichtet sind und welche Bereiche hiervon erfasst werden. An welchem Tag der Kehrwoche der Mieter seiner Pflicht nachkommt, steht diesem jedoch ebenso frei wie die Wahl der Reinigungsmittel.

Winterdienst

Ebenso wie die Hausreinigung kann auch die winterliche Räum- und Streupflicht durch ausdrückliche Vereinbarung auf den Mieter abgewälzt werden. Ein genereller Hinweis, dass „alle behördlichen und polizeilichen Vorschriften von den Mietern zu beachten sind", begründet eine versteckte Räum- und Streupflicht allerdings nicht. Ist der Winterdienst wirksam auf den Mieter übertragen, enthält die Hausordnung regelmäßig konkrete Vorgaben darüber, wie die geschuldeten Arbeiten auszuführen sind. Da es im Mietrecht kein allgemeines Gleichbehandlungsgebot gibt, ist es auch zulässig, die Schnee- und Glatteisräumung lediglich den Erdgeschossmietern zu übertragen. Einen stillschweigenden Grundsatz, dass stets nur diese zum Winterdienst verpflichtet sind, gibt es jedoch nicht.

Ist der wirksam verpflichtete Mieter aus persönlichen Gründen (Krankheit, Urlaub etc.) an der Erfüllung seiner Pflichten verhindert, hat er im Zweifel selbst für Vertretung zu sorgen.

Benutzung von Gemeinschaftsräumen

Neben Nutzungsregeln für Waschküche, Trockenraum oder Lagerflächen finden sich in der Hausordnung regelmäßig Vorschriften darüber, was im Treppenhaus und auf den zum Haus gehörenden Flächen abgestellt werden darf. Sieht die Hausordnung ein generelles Abstellverbot vor, so ist dies grundsätzlich wirksam. Aber: Regeln, die „das Aufstellen von Gegenständen jeglicher Art, insbesondere von Fahrrädern, Kinderwagen, Rollern etc. auf Vorplätzen, Gängen, Treppenhausabsätzen und Trockenböden" ausnahmslos untersagen, sind unzulässig (Landgericht Hamburg, Urteil vom 06.08.1991, Az. 316 S 110/91).

Welche Gegenstände das sind, darüber lässt sich in der Praxis trefflich streiten: Eine vergleichsweise klare Linie vertritt die Rechtsprechung bei Rollatoren, Kinderwagen und Rollstühlen. Sie dürften meist im Hausflur stehen bleiben, wenn sie die anderen Bewohner dabei nicht übermäßig behindern.

Kleinmöbel wie Schuhschränke oder Setzkästen hingegen haben dort normalerweise nichts zu suchen

Sonstige unzulässige Regelungen

Unzulässig sind darüber hinaus alle Regelungen, die unverhältnismäßig in die persönliche Lebensgestaltung des Mieters eingreifen. Dies betrifft beispielsweise Besuchs- oder Übernachtungsverbote, Regelungen hinsichtlich der Zimmertemperatur sowie Klauseln, welche dem Vermieter ein jederzeitiges Zutrittsrecht zur Wohnung einräumen.

Die Übergabe der Wohnung

Sowohl bei Übernahme der Wohnung durch den Mieter als auch bei Rückgabe der Wohnung an den Vermieter empfiehlt sich die Anfertigung eines Wohnungsübergabeprotokolls. Dieses sollte mit allergrößter Sorgfalt ausgefüllt und von beiden Parteien unterschrieben werden.

Mieter müssen besonders bei **Übernahme der Wohnung** aufpassen. Wer die mangelfreie Übernahme in frisch renoviertem Zustand bestätigt, kann einen abweichenden Zustand später womöglich nicht mehr beweisen. Der ursprüngliche Zustand einer Wohnung kann jedoch entscheidend werden, wenn es darum geht, ob ein Mieter später zur Durchführung von Schönheitsreparaturen verpflichtet ist. Diese Pflicht besteht nach aktueller Rechtsprechung des Bundesgerichtshofs nämlich nur dann, wenn die Wohnung bei Übergabe frisch renoviert war. Außerdem sollten Sie sämtliche Schäden genau aufführen und gegebenenfalls fotografisch dokumentieren. Andernfalls werden Sie später für Schäden haftbar gemacht, die Sie nicht verursacht haben. Prüfen Sie auch unbedingt die Zählerstände genau nach. Sie zahlen sonst unter Umständen Betriebskosten des Vormieters.

Vergessen Sie nicht, auch die Nebenräume zu besichtigen. Die Kellerräume müssen in einem gebrauchstauglichen Zustand sein. Sind im Haus Fahrradkeller oder Wäschekeller vorhanden, besichtigen Sie auch diese.

Klären Sie Zweifelsfragen: Fallen Ihnen Abweichungen auf oder hat der Vermieter noch Renovierungsarbeiten durchzuführen, dokumentieren Sie das im Übernahmeprotokoll. Legen Sie Zeitgrenzen für durchzuführende Reparaturen fest. Kontrollieren Sie die Anzahl der Schlüssel.

Bestätigen Sie im Übergabeprotokoll nichts, was nicht zutrifft. Das gilt besonders bei **Rückgabe der Wohnung**. Sind hier Pflichten vorgesehen, die Sie nicht übernehmen wollen, sollten Sie eine Unterzeichnung komplett verweigern. Nach Unterschrift ist es häufig zu spät. Der Vermieter hat in der Regel keinen Anspruch auf Unterzeichnung des Wohnungsabnahmeprotokolls.

Wohnungsgeberbestätigung für Mieter

Seit dem 1. November 2015 gilt ein neues bundesweites Meldegesetz. Darin sind Sie als Mieter berechtigt, vom Vermieter eine schriftliche Meldebestätigung zu erhalten. Als Hauptmieter sind Sie also auch verpflichtet, Ihrem Untermieter eine schriftliche oder elektronische Meldebestätigung auszustellen. Halten Sie sich beim Ausstellen der

AUSFÜLLHINWEIS

Wohnungsübergabeprotokoll   S. 83

Es empfiehlt sich, bei der Wohnungsübergabe einen Zeugen mitzunehmen. Zeugen können alle Personen sein, die nicht im Mietvertrag aufgeführt sind. Fotografieren Sie soweit möglich die Zählerstände und die Ausstattungsgegenstände. Prüfen Sie jeweils auch das einwandfreie Funktionieren. Bestätigen Sie nichts, was nicht vorher sorgfältig geprüft wurde. Das gilt besonders dann, wenn Sie eine vollständige Renovierung bestätigen. Führen Sie alle Mängel sorgfältig auf. Stellen Sie später noch Mängel fest, sollten Sie diese unbedingt sofort dem Vermieter schriftlich und nachweisbar (siehe Zustellung) melden.

Meldebestätigung für einen Untermieter unbedingt an die Frist von 14 Tagen ab Einzug. Überschreiten Sie diese Frist, drohen Ihnen Bußgelder von bis zu 1 000 Euro, wenn Sie keine der akzeptierten Ausnahmen für sich reklamieren können.

Für die Bestätigung durch den Vermieter reicht ein formloses Schreiben. Es muss folgende Angaben enthalten:

→ Name und Anschrift des Vermieters

→ Art des meldepflichtigen Vorgangs (Einzug oder Auszug) mit Datum

→ Anschrift der Wohnung

→ Namen der meldepflichtigen Personen, die umziehen.

Oder Sie laden sich das bundesweit einheitliche Formular „Wohnungsgeberbestätigung gemäß § 19 Bundesmeldegesetz" herunter. Sie finden es auf den Internetseiten der Meldeämter. Drucken Sie es aus und füllen Sie es aus. Achtung: Der Mietvertrag ersetzt die Meldebestätigung nicht!

Beziehen Sie als Mieter eine neue Wohnung im Ausland oder bleiben Sie aus anderen Gründen nicht in Deutschland, muss der Vermieter Ihnen innerhalb von zwei Wochen auch den Auszug schriftlich bestätigen. Grund: Als Mieter sind Sie in diesen Fällen verpflichtet, Ihren bisherigen Wohnort abzumelden. Dazu müssen Sie eine Auszugsbestätigung vorlegen. Der Vermieter ist übrigens berechtigt, bei der Meldebehörde nachzufragen, ob Sie sich tatsächlich anbeziehungsweise abgemeldet haben.

Möglichst schnell organisieren

Damit Sie beim Einzug in die neue Wohnung alle Versorgungseinrichtungen nutzen können, denken Sie frühzeitig auch an die technischen Voraussetzungen und bürokratische Notwendigkeiten.

Versorgung der Wohnung

Kümmern Sie sich rechtzeitig um eine günstige Versorgung der Wohnung mit Strom, Wasser und Gas. Die aktuellen Zählerstände bei Wohnungsübergabe brauchen Sie ohnehin noch für das Übergabeprotokoll (siehe Formular „Wohnungsübergabeprotokoll" Seite 83). Mit der Wahl des richtigen Anbieters lässt sich in diesem Bereich eine Menge Geld sparen. Andernfalls werden Sie automatisch vom tendenziell eher teuren Grundversorger beliefert. Vergleichen Sie zunächst die Preise im Internet und holen Sie dann Angebote der von Ihnen bevorzugten Versorger ein.

Internetanschluss

Ein langsames Internet kann bei beruflicher Nutzung heutzutage existenzbedrohend sein. Prüfen Sie vor Abschluss des Mietvertrags die Möglichkeiten einer adäquaten Versorgung, und klären Sie gegebenenfalls mit dem Vermieter, auf wessen Kosten notwendige Einrichtungen erfolgen. Vereinbarungen hierzu sollten im Mietvertrag, jedenfalls aber schriftlich getroffen werden.

Telefon

Benötigen Sie einen Festnetzanschluss? Funktioniert die Netzabdeckung Ihres Mobilfunkanbieters in der neuen Gegend? Gegebenenfalls müssen auch hier neue Lösungen gefunden werden. Möglicherweise gibt es einzuhaltende Kündigungsfristen. Achten

Sie auf Sonderkündigungsrechte für den Fall der Beendigung Ihres Mietverhältnisses.

Versicherungen

Prüfen Sie Ihren Versicherungsschutz. Insbesondere eine Hausratversicherung ist unbedingt sinnvoll. Auch eine Rechtsschutzversicherung empfiehlt sich bereits vor Abschluss des Mietvertrags. Die meisten Rechtsschutzversicherungen sehen Wartezeiten von drei bis sechs Monaten nach Vertragsschluss vor, bevor Leistungen erstmalig in Anspruch genommen werden können. Wenn Sie bereits entsprechend versichert sind, sollten Sie den Versicherungsunternehmen unbedingt die Änderung Ihrer Adresse mitteilen.

Aktuelle Testergebnisse zu günstigen und kundenfreundlichen Versicherern finden Sie immer wieder bei www.test.de und in den Heften von Finanztest und test.

Briefverkehr

Sammeln Sie bereits einige Zeit vor Auszug aus der alten Wohnung Ihre Post und teilen Sie allen Absendern Ihre neue Anschrift mit. Stellen Sie zur Sicherheit außerdem einen Nachsendeantrag und warten Sie ab, welche Post nachgesendet wird. Teilen Sie auch diesen Absendern nachträglich Ihre neue Anschrift mit.

Im laufenden Mietverhältnis

Die meisten mietrechtlichen Auseinandersetzungen entstehen im laufenden Mietverhältnis. Klassische Beispiele sind undurchsichtige, unverständliche Nebenkostenabrechnungen und Erwartungen der Mieter an den Zustand der Wohnung, die sich nicht erfüllen. Daneben sorgen Streitigkeiten über die Anzahl der Mitbewohner oder gar Haustiere immer wieder für Schlagzeilen. Das Mietverhältnis ist ein Dauerschuldverhältnis. Die bei Abschluss des Mietvertrags ursprünglich bestehende Übereinstimmung kann sich über die Jahre hinweg ändern und tut das auch. Wenn dann nicht immer wieder neu Einigung über auftauchende Fragen erzielt werden kann, führt das häufig dazu, dass sich Anwälte und Gerichte damit beschäftigen müssen.

Zusätzliche Mitbewohner

Unter welchen Voraussetzungen Dritte nachträglich in die Wohnung aufgenommen werden dürfen, hängt von den im Mietvertrag getroffenen Regelungen ab.

   Nahe Familienangehörige und Lebenspartner dürfen Sie bis zur Grenze der Überbelegung ohne Zustimmung aufnehmen. Die Aufnahme sollte dem Vermieter jedoch angezeigt werden (siehe „Meldung neuer Mitbewohner" Seite 91). Die kurzzeitige Aufnahme von Besuchern müssen Sie aber nicht melden.

Antrag auf Zustimmung zur Untervermietung

   Für eine Untervermietung an Dritte benötigt der Mieter regelmäßig die Zustimmung des Vermieters (siehe „Antrag auf Zustimmung zur Untervermietung" Seite 93). Diese ist zwingend zu erteilen, wenn der Mieter ein nachvollziehbares Interesse an der Untervermietung darlegen kann und lediglich einzelne Räume untervermietet werden sollen. Andernfalls steht die Entscheidung im freien Ermessen des Vermieters.

Manche Vermieter machen die Genehmigung davon abhängig, dass Sie als Hauptmieter einen Untermietzuschlag zahlen. Dies ist bei gegebener Berechtigung der Untervermietung nur in Ausnahmefällen zulässig und darf nur zusätzliche Kosten des Vermieters durch die Untervermietung abdecken.

Haben Sie keinen Anspruch auf Zustimmung des Vermieters (zum Beispiel bei Untervermietung der gesamten Wohnung), können Sie ihn vielleicht mit einem freiwilligen Untermietzuschlag überzeugen. Dieser soll dann aber nur für den Zeitraum der tatsächlichen Untervermietung gültig sein.

Bei Ablehnung eines berechtigten Antrags auf Untervermietung macht sich der Vermieter unter Umständen schadenersatzpflichtig. Dafür ist es aber erforderlich, dass dem Vermieter mit dem Antrag sämtliche relevanten Informationen zum Untermieter und zu den Umständen der Untervermietung mitgeteilt wurden.

Unberechtigte Untervermietungen können zu einer Abmahnung bzw. Kündigung des Mietverhältnisses führen. Besonders gefährlich sind Untervermietungen über Portale im Internet (zum Beispiel AirBnB). Hier kann der Vermieter die unberechtigte Untervermietung leicht nachweisen.

Verträge für Wohngemein-schaften

Bei Wohngemeinschaften – kurz WGs – gibt es verschiedene Vertragsformen. Jede hat aus Sicht der Mieter spezifische Vor- und Nachteile.

Häufig vermietet ein Hauptmieter Zimmer an Untermieter. Er ist dann alleiniger Vertragspartner des Vermieters, seine Untermieter hängen rechtlich von ihm ab.

Oder alle Mitglieder der WG sind als gleichberechtigte Mieter im Mietvertrag aufgeführt. Sie teilen sich dann auch alle Pflichten als Mieter und haften gemeinsam gegenüber dem Vermieter. Wechsel einzelner Mieter sind hier am schwierigsten.

Oder der Vermieter schließt mit jedem WG-Bewohner einen Einzel-Mietvertrag über das Zimmer und die Nutzung der Gemeinschaftsräume ab, was für ihn organisatorisch am aufwendigsten ist.

Haustiere

Kleintiere dürfen in angemessener Zahl gehalten werden, wenn von ihnen keine Belästigungen oder Gefahren für Dritte ausgehen. Vor der Anschaffung eines Hundes oder einer Katze sollten Sie jedoch stets die Zustimmung des Vermieters einholen.

 Ob und unter welchen Voraussetzungen dieser die Tierhaltung genehmigen muss, richtet sich in erster Linie nach dem Inhalt des Mietvertrags. Zahlreiche Standardklauseln, insbesondere generelle Hunde- oder Katzenverbote, sind allerdings unwirksam, weil sie die Tierhaltung zu stark einschränken. Enthält der Mietvertrag keine wirksamen Regelungen zur Tierhaltung, darf der Vermieter seine Zustimmung nur dann verweigern, wenn wegen Art, Größe oder Anzahl der Tiere mit Störungen oder gar Beschädigungen der Mietsache zu rechnen ist.

Bei ein bis zwei Exemplaren eines Haustiers, das kleiner als eine Katze und ungefährlich ist, wird der Vermieter einer Haltung in der Regel nicht widersprechen können.

S. 95

Dennoch sollte man als Mieter immer einen „Antrag auf Zustimmung durch den Vermieter" stellen (Seite 95) und seine Zustimmung einholen. Verweigert der Vermieter die Zustimmung, kann sie außergerichtlich oder gerichtlich erreicht werden. Eine Abmahnung oder gar eine Kündigung, weil die Einholung der Zustimmung vergessen worden ist, ist für den Mieter weitaus unangenehmer.

Ärger mit dem Nachbarn

Mieter wohnen in Gemeinschaften, die sie sich nur beschränkt selbst aussuchen können. Individuelle Gewohnheiten Einzelner können gefühlte oder reale Störungen bei anderen verursachen.

Der musikbegeisterte Nachbar bringt einen Nacht für Nacht um den dringend benötigten Schlaf. Die kinderreiche Nachbarfamilie entwickelt möglicherweise täglich einen Lärmpegel, der von einem älteren kinderlosen Mieterehepaar als absolut unzumutbar angesehen wird. Klappt die gegenseitige Rücksichtnahme gefühlt oder real nicht, eskalieren die Auseinandersetzungen auch schon mal zum handfesten Streit.

Ansprechpartner ist letztlich dann Ihr Vermieter. Man kann ihn zwar nicht dazu zwingen, dem Nachbarn zu kündigen. Eine angekündigte Mietminderung ist aber ein mögliches Druckmittel, damit der Vermieter gegen den Nachbarn vorgeht.

Anschreiben an den stören-den Nachbarn

Nachbarschaftsstreitigkeiten sind lästig und oft teuer. Deswegen empfehlen wir, immer zunächst die gütliche Einigung im Gespräch suchen. Erst wenn eine persönliche Klärung gescheitert ist, sollte der Nachbar unter genauer Benennung der Störungen schriftlich zur Unterlassung aufgefordert werden (siehe „Anschreiben an den Nachbarn", Seite 97). Ist die Störung erheblich und muss nicht hingenommen werden, und weigert sich der Nachbar bzw. setzt er seine Störungen fort, kann der Vermieter eingeschaltet werden.

Beschwerde über Nachbarn beim Vermieter

Der Vermieter darf sich Ihre Behauptiungen und Angaben nicht ohne weiteres zu eigen machen. Da der Nachbar den Sachverhalt im Regelfall bestreiten wird, ist es wichtig, dass man von Anfang an für Beweismittel sorgt.

Bei immer wiederkehrendem Krach aus einer Nachbarwohnung sollte ein sogenanntes Lärmprotokoll geführt werden. Sie können hierzu das unter „Mietmängel und Mietminderung" aufgeführte Musterprotokoll (siehe Seite 111) verwenden.

Die Nebenkosten-abrechnung

Die meisten Mieter leisten monatliche Vorauszahlungen auf die Nebenkosten. Über diese muss der Vermieter jährlich abrechnen. Wenn Sie eine Betriebskostenabrechnung mit einer Nachforderung erhalten, die Sie nicht akzeptieren wollen, sollten Sie umgehend reagieren.

Check: Die Nebenkosten-abrechnung

Bei den Betriebskosten handelt es sich um alle neben der Miete entstehenden Kosten der Hausbewirtschaftung. Die Betriebkosten sind somit nur ein Teil der Nebenkosten, die zum Beispiel auch die Grundsteuer umfassen. Zur Überprüfung Ihrer Nebenkostenabrechnung haben wir Ihnen ab Seite 53 eine Prüfliste zusammengestellt, mit der Sie schnell herausfinden, an welcher Stelle der Abrechnung erfolgreich widersprochen werden kann. In der Praxis ist es besonders wichtig, sich auf die erfolgversprechenden und relevanten Mängel der Abrechnung zu konzentrieren. So brauchen Sie sich gar nicht über Einzelpositionen streiten, wenn die Abrechnung später als ein Jahr nach Ende des Abrechnungszeitraums bei Ihnen zugegangen ist. In der Regel können Sie dann die Nachzahlung komplett verweigern.

I. Formale Fehler

Kontrollieren Sie die Nebenkostenabrechnung zunächst auf formale Fehler. Nur eine formal ordnungsgemäße Nebenkostenabrechnung begründet etwaige Zahlungsansprüche des Vermieters. Formal fehlerhafte Abrechnungen hingegen sind schlichtweg unwirksam und können vom Mieter ignoriert werden. Sie sollten Ihren Vermieter in einem solchen Fall jedoch vorsorglich zur ordnungsgemäßen Abrechnung auffordern. Die häufigsten formalen Fehler sind:

Nebenkostenabrechnung ist unvollständig

Auch wenn Vermieter sich an die Frist halten, aber nur unzureichende Angaben zur Nebenkostenabrechnung machen, können die Mieter sich auf die Nichteinhaltung der Frist berufen. Dies entschied der Bundesgerichtshof in Karlsruhe. Demnach kann die Frist nicht verlängert oder neu angesetzt werden, um die Abrechnung zu überarbeiten. Sollten also nur unvollständige Angaben oder formale Fehler in der Nebenkostenabrechnung vorhanden sein, gilt diese als ungültig.

Falscher Absender

Sofern der Mietvertrag dies nicht ausdrücklich vorsieht, muss die Nebenkostenabrechnung nicht persönlich vom Vermieter unterschrieben sein. Der Vermieter muss jedoch kenntlich machen, dass die Abrechnung von ihm stammt. Dafür sollte mindestens im Briefkopf seine Anschrift aufgeführt sein. Wird die Abrechnung durch eine Hausverwaltung oder einen anderen Vertreter erstellt, der dem Mieter gegenüber zuvor noch nicht in Erscheinung getreten ist, muss der Abrechnung eine entsprechende Vollmacht beigelegt werden.

Falscher Adressat

Wurde die Nebenkostenabrechnung ordnungsgemäß an den Mieter der Wohnung adressiert? Bei mehreren Mietern genügt laut Rechtsprechung des Bundesgerichtshofs die Adressierung an einen Mieter.

Falsches Abrechnungsobjekt

Wurde das Abrechnungsobjekt korrekt bzw. eindeutig identifizierbar bezeichnet (Anschrift, Lage der Wohnung im Haus, Wohnungsnummer)?

Falscher Abrechnungszeitraum

Die Abrechnung hat sich grundsätzlich auf einen Abrechnungszeitraum von zwölf Monaten zu erstrecken. Ein längerer Abrechnungszeitraum ist stets unzulässig. Zieht ein Mieter jedoch unterjährig ein oder aus, verkürzt sich der Zeitraum entsprechend vom letzten Abrechnungstermin bis zum vereinbarten Übergabetermin der Wohnung. Beginn und Ende des Abrechnungszeitraums sind in der Regel im Mietvertrag vereinbart und müssen nicht mit dem Kalenderjahr übereinstimmen. Möglich ist beispielsweise auch ein Abrechnungszeitraum vom 01.07. eines Jahres bis zum 30.06. des Folgejahres.

Mangelnde Nachvollziehbarkeit

Der Vermieter ist verpflichtet, die angefallenen Gesamtkosten gegliedert nach den einzelnen Nebenkostenpositionen übersichtlich und nachvollziehbar darzustellen. Dies ist der Fall, wenn die Abrechnung für einen durchschnittlich juristisch und betriebswirtschaftlich gebildeten Mieter aus sich heraus verständlich ist.

Zusätzlich muss klar erkennbar sein, nach welchem Verteilerschlüssel die Kosten auf den einzelnen Mieter umgelegt wurden. Hierbei können je nach Nebenkostenart auch mehrere Verteilerschlüssel zu Anwendung kommen, solange dies in einer für den Mieter rechnerisch nachvollziehbaren Weise erfolgt. Neben den angefallenen Kosten muss die Abrechnung zudem Auskunft über die vom Mieter geleisteten Vorauszahlungen geben.

Überschreiten der Abrechnungsfrist

Die Abrechnung ist dem Mieter spätestens bis zum Ablauf des zwölften Monats nach Ende des Abrechnungszeitraums mitzuteilen. Hierbei kommt es nicht darauf an, wann der Vermieter die Abrechnung abschickt, sondern ob diese dem Mieter rechtzeitig zugeht. Eine verspätete Nebenkostenabrechnung vermag den Mieter regelmäßig nicht mehr zur Zahlung zu verpflichten. Auch inhaltliche Korrekturen können vom Vermieter nur innerhalb der Abrechnungsfrist geltend gemacht werden.

Der Mieter hat seinerseits hingegen ein zwölfmonatiges Widerspruchsrecht beginnend mit Zugang der Nebenkostenabrechnung.

II. Inhaltliche Fehler

Ist die Nebenkostenabrechnung nicht bereits wegen formaler Fehler unwirksam, sollten Sie im zweiten Schritt die inhaltliche Richtigkeit überprüfen.

Das Gesetz räumt dem Mieter eine Widerspruchsfrist von zwölf Monaten ab Zugang der Nebenkostenabrechnung ein. Gegen eine inhaltlich fehlerhafte Nebenkostenabrechnung sollten Sie aber stets zeitnah und schriftlich Widerspruch einlegen und die Fehler möglichst detailliert auflisten, da auch eine inhaltlich falsche Abrechnung Zahlungsansprüche des Vermieters begründen kann.

Die Abrechnung ist korrekt, wenn es sich bei den aufgeführten Rechnungspositionen um umlagefähige Betriebskosten (a) handelt und die Abrechnung keine rechnerischen Fehler (b) enthält.

a) Umlagefähige Betriebskosten

Der Mieter hat grundsätzlich nur solche Betriebskosten zu tragen, deren Umlage im Mietvertrag ausdrücklich vereinbart wurde. Schauen Sie also zunächst in den Mietvertrag, ob dort alle umgelegten Positionen aufgeführt sind. Die Umlagevereinbarung im Mietvertrag muss außerdem zulässig sein.

Laut Betriebskostenverordnung dürfen folgende Betriebskostenarten im Rahmen eines Mietvertrags auf den Mieter umgelegt werden:

Beleuchtung im Gemeinschaftseigentum

Die Stromkosten für die Beleuchtung in Gemeinschaftsräumen, im Außenbereich und im Treppenhaus dürfen als Nebenkosten abgerechnet werden. Reparaturkosten für die Beleuchtungsanlage sind nicht umlagefähig.

Entwässerung

Der Vermieter darf die Kosten für die Entwässerung und die Kosten einer Entwässerungsanlage auf den Mieter umlegen.

Fahrstuhl

Wird im Haus ein Fahrstuhl betrieben, so kann der Vermieter die Kosten für Strom, Aufsicht, Überwachung und Wartung auf den Mieter umlegen. Eine Umlage von Instandsetzungs- und Verwaltungskosten ist allerdings nicht möglich. Bei Vollwartungsverträgen müssen entsprechende Anteile herausgerechnet werden.

Gartenpflege

Kosten für die Pflege von Grünanlagen darf der Vermieter auf den Mieter umlegen. Hierzu gehören Personalkosten und Sachmittelkosten. Kümmert sich der Hauswart um den Garten, so dürfen dessen Kosten jedoch nur einmalig als Hauswartkosten abgerechnet werden.

Hauswartkosten

Umlagefähig sind die Lohnkosten des Hauswarts, nicht jedoch die Kosten von Reparaturen, die dieser im Einzelnen durchgeführt hat. Der Vermieter ist dazu verpflichtet, das Mietobjekt auf eigene Kosten in einem gebrauchsfähigen Zustand zu erhalten. Ebenso wenig dürfen Verwaltungsarbeiten, die der Hausmeister durchführt, auf den Mieter umgelegt werden. Unter Umständen müssen hier auch entsprechende Anteile Kosten für die Verwaltungs- und Instandsetzungsarbeiten herausgerechnet werden.

Heizung

Umlagefähig sind die Aufwendungen für den Betrieb einer Zentralheizung, inklusive der Kosten für die Abgasanlage und der Eichkosten der Zähler. Bezieht das Haus Fernwärme, so kann der Vermieter die anteiligen Kosten der Fernwärme auf den Mieter umlegen. Sind in den Wohnungen Gasetagenheizungen installiert, so darf der Vermieter jedenfalls deren Reinigungs- und Wartungskosten umlegen. Hat der Vermieter Geräte zur Verbrauchserfassung gemietet, so dürfen auch diese Mietkosten auf den Mieter umgelegt werden.

Kabel- und Antennenanschluss

Der Mieter hat die Kosten für die monatlichen Grundgebühren des Kabelanschlusses zu tragen, ebenso eventuelle Wartungs- und Betriebskosten für Antennen- und Verteileranlagen. Einmalige Anschlussgebühren muss der Mieter hingegen nicht übernehmen, ebenso wenig Reparaturarbeiten, die keine Wartungsarbeiten darstellen.

Öffentliche Lasten

Bei Abgaben, die der Grundstückseigentümer an Behörden bzw. an das Finanzamt abführen muss, wird unterschieden: Umlagefähig ist die Grund-, nicht jedoch die Grunderwerbsteuer. Befinden sich Gewerbeeinheiten im Haus, so muss der Vermieter die Grundsteuer für das Gewerbe gesondert abrechnen. Gleiches gilt für die Grundsteuer auf vermietete Parkplätze, Garagen oder Stellplätze, es sei denn, jede Wohnung verfügt über einen eigenen Parkplatz.

Reinigung und Schädlingsbekämpfung

Der Vermieter darf die Kosten eines beauftragten Reinigungsunternehmens sowie Putzmittelkosten auf den Mieter umlegen. Obliegt die Reinigung hingegen dem Hauswart, werden diese Kosten bereits von den Hauswartkosten umfasst.

Schornsteinfeger

Kehrgebühren für den Schornsteinfeger dürfen auf den Mieter umgelegt werden, sofern diese nicht bereits von der Position Heizungskosten erfasst sind.

Sonstige Kosten

„Sonstige Kosten" darf der Vermieter nur insoweit auf den Mieter umlegen, als dies ausdrücklich im Mietvertrag vereinbart wurde. Hierbei muss es sich um regelmäßig wiederkehrende und notwendige Kosten handeln. Außergewöhnliche Aufwendungen und Reparaturkosten dürfen nicht als Nebenkosten auf den Mieter abgewälzt werden.

Straßenreinigung und Müllbeseitigung

Stets umlagefähig sind laufende Kosten für Straßenreinigung und Müllentsorgung. Nur gelegentlich anfallende Kosten wie beispielsweise für Sperrmüll-, Gartenabfall- oder Schuttabfuhr bzw. für Entrümpelung dürfen nur dann umgelegt werden, wenn diese keinem individuellen Verursacher zugerechnet werden können. Befindet sich im Haus ein Müllschlucker oder eine Müllkompressorenanlage, so sind auch die Betriebskosten einer solchen Einrichtung umlagefähig.

Verbundene Versorgung
Stammt die Energie für Heizung und Wassererwärmung aus einer einheitlichen Anlage („verbundene Versorgung"), sind die Brennstoffkosten umlagefähig, müssen in der Nebenkostenabrechnung aber getrennt ausgewiesen werden.

Versicherungen
Der Vermieter hat das Recht, die Kosten der Hausversicherungen auf den Mieter umzulegen. Umlagefähig sind insbesondere der Versicherungsschutz gegen Wasserschäden, Sturmschäden und Feuerschäden sowie die Kosten für eine Öltankversicherung.

Warmwasser
Im Rahmen der Warmwasserversorgung kann der Vermieter sowohl die Kosten für die Erwärmung des Wassers als auch die Wartungs- und Reinigungskosten der Warmwassergeräte auf den Mieter umlegen.

Wäsche
Der Vermieter darf die Kosten für Strom, Wartung und Reinigung einer Waschküche auf die Mieter umlegen. Wasserkosten werden allerdings nur insofern erfasst, als sie nicht bereits unter die Position „Wasserversorgung" fallen. Auch Kosten für Bügelautomaten oder Trockner sind umlagefähig.

Wasserversorgung
Der sich aus dem Zählerstand ergebende Jahreswasserverbrauch darf auf die einzelnen Wohnungen umgelegt werden. Dazu gehören auch die Kosten für die Grundgebühr, die Wartungskosten und den Betriebsstrom für den Wasserzähler. Ebenso können die Kosten für die Nacheichung des Kaltwasserzählers umgelegt werden. Eine derartige Nacheichung ist alle sechs Jahre vorzunehmen.

b) Rechnerische Richtigkeit der Nebenkostenabrechnung
Prüfen Sie zunächst die angegebenen Summen durch Addition der Einzelbeträge. Da die meisten Nebenkostenabrechnungen maschinell erstellt werden, werden sich hier jedoch selten Fehler finden. Besonderes Augenmerk sollte darüber hinaus auf folgende Punkte gelegt werden:

Geleistete Vorauszahlungen
Stimmen die auf der Abrechnung angegebenen Vorauszahlungen mit den tatsächlich von Ihnen gezahlten Beträgen überein? Sind berechtigte Mietminderungen berücksichtigt?

Zukünftige Vorauszahlungen
Ergibt sich aus der Nebenkostenabrechnung ein Nachzahlungsanspruch Ihres Vermieters, darf dieser Ihre zukünftigen monatlichen Vorauszahlungen anteilig um ein Zwölftel des Nachzahlungsbetrags erhöhen. Weist Ihre Nebenkostenabrechnung hingegen ein Guthaben für Sie aus, sollten Sie von Ihrem Vermieter eine entsprechende Senkung Ihrer zukünftigen Vorauszahlungen verlangen.

Wohnungsgröße
Wurde die Größe der Wohnung in der Abrechnung korrekt angegeben? Da die meisten Betriebskosten im Verhältnis zur Wohnfläche umgelegt werden, wirken sich hier bereits kleinste Abweichungen aus.

Verteilerschlüssel
Wurde der richtige Verteilerschlüssel angewandt? Dieser ergibt sich in erster Linie aus

dem Mietvertrag. Enthält dieser keine entsprechende Regelung, richtet sich die Verteilung grundsätzlich nach der Wohnfläche. Lediglich verbrauchsabhängige Betriebskosten, insbesondere Heizkosten, werden nach dem individuellen Verbrauch abgerechnet.

Leerstand

Gibt es Leerstand im Objekt, ist der Vermieter zur Übernahme der auf diese Wohneinheiten anteilig entfallenden Betriebskosten verpflichtet. Eine Umlegung auf die Mieter ist unzulässig.

Gewerbe

Gibt es im Objekt Gewerbeeinheiten, muss der Vermieter die hierauf entfallenden Betriebskosten gesondert abrechnen, wenn sie andernfalls zu einer ins Gewicht fallenden Mehrbelastung der Wohnraummieter führen würden.

Auffällige Kostensteigerungen im Vergleich zum Vorjahr

Zeigen sich bei Vergleich mit der Vorjahresabrechnung deutliche Abweichungen in den einzelnen Kostenpositionen? In diesem Fall sollten Sie Einsicht in die beim Vermieter befindlichen Einzelbelege nehmen und überprüfen, ob sich zu allen Abrechnungspositionen Rechnungen in entsprechender Höhe finden.

Abfluss- und Leistungsprinzip

Ihr Vermieter darf immer nur über solche Kosten abrechnen, für die im jeweiligen Abrechnungszeitraum Leistungen erbracht oder zumindest Rechnungen gestellt wurden. Maßgeblich ist das Leistungs- oder das Rechnungsdatum (Ausnahme: Heizkosten – hier entscheidet allein das Leistungsdatum). Später entstandene Kosten dürfen erst in der nächsten Nebenkostenabrechnung umgelegt werden.

III. Belegeinsicht

Ein Recht zur Belegeinsicht vor Ort steht Ihnen als Mieter in jedem Fall zu. Manche Vermieter übersenden den Mietern auf Wunsch auch Kopien. Verpflichtet ist ein Vermieter hierzu jedoch nicht. In der Regel müssen Sie die Belegeinsicht vor Ort beim Vermieter vornehmen. Die Belege müssen vom Vermieter in geordneter Weise vorgelegt werden.

Nehmen Sie sich einen Zeugen mit und fertigen Sie vor Ort Kopien der Rechnungen, die nicht zu den einzelnen Positionen gehören oder Ihnen sonst verdächtig erscheinen. Falls der Vermieter sich weigert, Kopien zu machen, fotografieren Sie die Rechnungen mit dem Handy. Wird auch das verweigert, sollten Sie sich die Rechnung (Aussteller, Datum, Position, Betrag) genau notieren, damit Sie später konkrete Einwände erheben können.

Widerspruch gegen Nebenkostenabrechnung

   Wer mit der Nebenkostenabrechnung nicht einverstanden ist, muss umgehend reagieren, da das Gesetz dem Mieter nur ein zeitlich begrenztes Widerspruchsrecht einräumt.

Achten Sie darauf, dass Sie sämtliche Einwendungen gegen die Nebenkostenabrechnung innerhalb von 12 Monaten nach Zugang nachweisbar beim Vermieter erheben (siehe Formschreiben „Widerspruch gegen die Abrechnung der Nebenkosten", Seite 103).

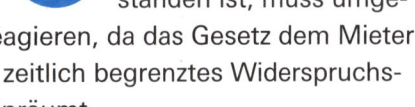 S. 103

Mietmängel und Mietminderung

Erwartungshaltungen von Mietern an die Mietwohnung werden in vielen Fällen nicht erfüllt. Die deutsche Rechtsprechung bezeichnet als Mietmangel „eine Beeinträchtigung in dem nach dem Vertrag vorausgesetzten Gebrauch".

Weichen die vertraglichen Vereinbarungen zum Gebrauch und die tatsächlichen Gebrauchsmöglichkeiten voneinander ab, kann und wird sich der Mieter auf seine Rechte aus Mietmängeln berufen. Typische Beispiele sind undichte Fenster, Lärmbeeinträchtigung in der Wohnung, Schimmelbildung in den Mieträumen und ein Ausfall der Heizung oder Heißwasserversorgung – vor allem im Winter.

 S. 109

Meldung von Mietmängeln

Mängel der Mietsache sollten umgehend und nachweisbar angezeigt werden – unabhängig davon, ob man wegen der Mängel Ansprüche geltend machen will oder nicht. Unter Umständen macht man sich als Mieter nämlich schadenersatzpflichtig, wenn man eine Mängelanzeige unterlässt.

Lärmprotokoll

Ein Protokoll ist unbedingt erforderlich, wenn man beabsichtigt, wegen der Lärmbeeinträchtigungen die Miete zu mindern. Der Bundesgerichtshof hat zwar festgestellt, dass die Anforderungen an den Vortrag des Mieters zum Lärm nicht übertrieben werden dürfen, diese Rechtsprechung haben viele Amts- und Landgerichte allerdings noch nicht verinnerlicht.

Heizprotokoll

Die Rechte des Mieters wegen mangelnder Beheizung der Mietwohnung (zum Beispiel auf Instandsetzung und Mietminderung) können ebenfalls nur bei ausreichender Darlegung geltend gemacht werden. Hierfür ist ein Heizprotokoll notwendig, welches Auskunft über die erzielten Raumtemperaturen gibt. Wenn durch die Heizungsausfälle Folgeschäden, zum Beispiel in Form von Schimmelpilzbildung entstehen, benötigt der Mieter ebenfalls ein solches Protokoll, um sich von dem Vorwurf mangelnder Beheizung zu entlasten. Das Protokoll sollte mindestens über einen Zeitraum von ein bis zwei Monaten geführt werden. Falls kein Protokoll geführt wurde, kann man versuchen, sein Heizverhalten über die Heizkostenabrechnung und die Menge des Verbrauchs nachzuweisen. Problematisch wird es, wenn einzelne Zähler einen sehr geringen Verbrauch ausweisen, da dann die Vermutung besteht, dass dort nicht ausreichend geheizt wurde.

Lüftungsprotokoll

Wenn sich in der Mietwohnung Schimmelpilz bildet, versuchen Vermieter, den Ansprüchen des Mieters regelmäßig dadurch zu entgehen, dass sie dem Mieter mangelnde Belüftung der Wohnung vorwerfen. Derartige Vorwürfe kann der Mieter durch ein Lüftungsprotokoll entkräften. Das Protokoll sollte mindestens über einen Zeitraum von ein bis zwei Monaten geführt werden.

Ankündigung einer Mietminderung

Schadenersatzansprüche des Mieters setzen ein Verschulden des Vermieters voraus. Wenn der Vermieter keine (ausreichende) Kenntnis von den Mängeln hat, kann er den Schaden auch nicht beseitigen. Schadenersatzansprüche scheiden dann meistens aus.

Und: Wer die Miete in Kenntnis der Mängel über einen längeren Zeitraum ohne Vorbehalt zahlt, kann unter Umständen zumindest nachträglich keine Mietminderung mehr geltend machen.

Dokumentieren Sie die Mängel zur Beweissicherung für den Fall, dass der Vermieter diese beseitigt und Sie sich Ihre Ansprüche auf Mietminderung für den zurückliegenden Zeitraum sichern wollen. Das ist nur dann entbehrlich, wenn der Vermieter die Mietminderung, deren Höhe und den maßgeblichen Zeitraum schriftlich bestätigt hat.

Bei Mängeln der Mietsache empfehlen wir grundsätzlich, die Miete zunächst unter Vorbehalt zu zahlen und sich die wegen der Minderung überzahlte Miete später im Klagewege zurückzuholen. Um dieses Verfahren vorzubereiten, können Sie das Formular auf Seite 117 verwenden. Der Nachteil: im Falle der Ablehnung durch den Vermieter bleibt Ihnen nur der Klageweg. Der Vorteil: Sie riskieren keinen Mietrückstand für den Fall der unberechtigten Mietminderung und damit keine (fristlose) Kündigung.

Die aggressivere, aber auch gefährlichere Methode ist folgende: Sie können nach der Mängelanzeige und erfolgloser Aufforderung zur Beseitigung Ihre monatlichen Zahlungen um einen angemessenen Betrag kürzen. Grundlage für die Mietminderung ist die Brutto-Warmmiete, also die Miete inklusive aller Nebenkosten (inkl. Nebenkosten-

AUSFÜLLHINWEISE

S. 111 ## Lärmprotokoll

Versuchen Sie den Lärm und seine Auswirkungen so gut wie möglich zu beschreiben. Beispiel: „Das Hammerschlagen war so laut, dass man auch bei geschlossenem Fenster einen Anrufer am Telefon nicht verstehen konnte." Sie brauchen nicht für jede Beeinträchtigung Zeugen. Führen Sie das Protokoll am besten am Computer. Sie können dann gleichartige Belästigungen mit den Kopier- und Einfügetasten schnell vervielfältigen. Wenn der Protokollant selbst nicht Mieter ist, brauchen Sie in der Regel keine weiteren Zeugen.

S. 113 ## Heizprotokoll

Messen Sie die Temperatur in der Mitte des Raumes, indem Sie ein Thermometer auf einen Stuhl legen. Führen Sie das Protokoll am besten am Computer. Sie können dann gleichartige Angaben mit den Kopier- und Einfügetasten schnell vervielfältigen. Wenn der Protokollant selbst nicht Mieter ist, brauchen Sie in der Regel keine weiteren Zeugen.

S. 115 ## Lüftungsprotokoll

Führen Sie das Protokoll am besten am Computer. Sie können dann gleichartige Angaben mit den Kopier- und Einfügetasten schnell vervielfältigen. Wenn der Protokollant selbst nicht Mieter ist, brauchen Sie in der Regel keine weiteren Zeugen.

vorauszahlung und Heizkostenvorauszahlung). Dadurch üben Sie unmittelbar finanziellen Druck aus.

Jede Mietminderung, insbesondere, wenn die in der Summe eine Monatsmiete erreicht, bedroht aber das Mietverhältnis. Sobald die einbehaltenen Kürzungen in der Summe den Betrag einer Monatsmiete zu erreichen drohen, empfehlen wir deshalb vorsichtshalber wieder den vollen Mietbeitrag zu zahlen – dies aber nur unter dem erklärten Vorbehalt, dass Sie die Mietminderung für den Zeitraum einklagen werden, solange der reklamierte Mangel nicht abgestellt ist.

Zur Orientierung, welche Mietminderungen von den Gerichten bisher als angemessen betrachtet wurden, kann Ihnen die Mietminderungstabelle im Serviceteil (siehe Seiten 72–73) einen ersten Anhaltspunkt geben.

Bauliche Veränderungen durch den Mieter

Auch wenn es den Wohnkomfort erhöht: Für bauliche Veränderungen, die nicht nur geringfügig sind und insbesondere einen Eingriff in die Bausubstanz darstellen oder die Beeinträchtigungen anderer Mieter zur Folge haben, benötigt der Mieter die Zustimmung des Vermieters.

AUSFÜLLHINWEIS

 **S. 121** **Zustimmung zu baulichen Veränderungen**

Soweit Ihre Arbeiten den Wohnwert nachhaltig erhöhen, können Sie versuchen, mit dem Vermieter eine Kostenbeteiligung zu vereinbaren. Dies sollten Sie allerdings gesondert besprechen und unbedingt schriftlich fixieren.

  Im Zweifel sollten Sie den Vermieter immer um Zustimmung bitten, bevor Sie loslegen, da zu befürchten ist, dass die Eingriffe bei späteren Besichtigungen (die der Mieter dulden muss) entdeckt werden. Und auch bei kostspieligen Investitionen, die den Wert der Wohnung erhöhen, haben Sie keinen Anspruch gegen den Vermieter, dass dieser die Investitionen bei Auszug ablöst. Die erbrachte kostenträchtige Aufwertung der Wohnung geht dann vollständig zu Lasten des Mieters.

Modernisierung und Mieterhöhungen

Mieter sollten grundsätzlich jede Mieterhöhung genau prüfen. Auch wenn diese pro Monat nicht so hoch ausfällt, summieren sich die Mehrzahlungen im Laufe der Jahre. Zudem baut jede Mieterhöhung auf der vorangegangenen Miete auf. Wer es schafft, seine Mietzahlungen niedrig zu halten, profitiert daher sehr langfristig davon.

Mieter, die eine Ankündigung von Modernisierungsmaßnahmen durch den Vermieter erhalten, sollten unbedingt sofort rechtlichen Rat einholen. Wenn man hier auf die später folgende Mieterhöhung wegen der Modernisierung wartet, hat man eventuell frühe Abwehrmöglichkeiten verschenkt.

Wir haben auf Formulare zu diesen Themen verzichtet, da die Reaktion des Mieters hier sehr individuell erfolgen muss, wie folgender Fall zeigt: Fliest der Vermieter die Küche erstmals – und zwar in Braun – müssen Mieter das ertragen und sogar dafür zahlen. So entschied das Landgericht Berlin (Az. 18 S 80/14). Warum dies? Die erstmalige Verfliesung einer Küche stellt in der Regel eine Verbesserung der Wohnverhältnisse in einer Mietwohnung dar, weil Fliesen leichter zu reinigen sind als etwa eine Tapete. Der Vermieter kann die Fliesen daher als Modernisierung auch gegen den Willen des Mieters durchsetzen und darf die Jahresmiete um 11 Prozent der Modernisierungskosten erhöhen. Auch eine braun verflieste Küche sei höherwertig als eine gar nicht geflieste, so das Gericht. Das „fehlende Einverständnis" des Mieters „mit der Farbwahl" müsse zurückstehen.

Bei der Modernisierung von Wohnraum muss unterschieden werden zwischen dem Anspruch des Vermieters auf Duldung der Arbeiten durch den Mieter und der späteren Mieterhöhung.

Es muss sofort professionell geprüft werden, ob der Mieter im Hinblick auf mögliche wirtschaftliche Härten überhaupt eine Duldungspflicht hat. Übersteigt die zu erwartende Mieterhöhung die finanziellen Möglichkeiten des Mieters, muss über das Sonderkündigungsrecht nachgedacht werden.

Modernisierungen werden häufig parallel im ganzen Haus durchgeführt. Man sollte deshalb sofort Kontakt zu den Nachbarn aufnehmen und Informationen auszutauschen. Das Vorgehen gegen die Modernisierung sollte untereinander abgestimmt werden. Ein weiterer Vorteil: Man kann sich gegebenenfalls vor Gericht wechselseitig als Zeugen benennen. Wer hier untätig bleibt und die Durchführung der Modernisierungsarbeiten duldet, muss damit rechnen, dass er möglicherweise gegen die später folgende Modernisierungsmieterhöhung nur noch eingeschränkte Verteidigungsmöglichkeiten hat.

Wer untätig bleibt und sich erst bei Beginn der Bauarbeiten gegen die Modernisierung wehrt, riskiert eine Kündigung wegen verweigerter Zutrittsgewährung beziehungsweise Schadenersatzansprüche wegen Verzögerung der Bauarbeiten.

Zusätzlicher Vorteil für Mieter: Wird bereits die Durchführung der Modernisierung erfolgreich abgewehrt, scheidet eine entsprechende Mieterhöhung von vornherein aus.

Beendigung des Mietverhältnisses

Gerade in Ballungszentren wird der Wohnraum immer knapper. Gleichzeitig nimmt der Anteil privater Vermieter (Altersvorsorge) am Wohnungsmarkt kontinuierlich zu. Häufig wird hier Wohnraum mit niedrigen Mieten günstig erworben und anschließend versucht, den Mieter loszuwerden. Das Mietrecht sichert den Mieter im Kündigungsfall oft nur noch unzureichend ab.

Kündigung durch den Vermieter

Die meisten Kündigungen erfolgen als Folge überzogener Mietminderungen (durch die Mieter) und wegen Eigenbedarfs der Vermieter.

Eine neue Möglichkeit zur Beendigung des Mietverhältnisses hat der Bundesgerichtshof zudem jüngst eröffnet: Er erklärte eine (fristlose) Kündigung des Mietverhältnisses für rechtens, weil dem Vermieter der Zutritt zu seiner vermieteten Wohnung verweigert worden war.

Widerspruch gegen Eigenbedarfskündigung

 Als Mieter ist man grundsätzlich nicht verpflichtet, auf eine Eigenbedarfskündigung seines Vermieters zu reagieren. Wer sich seine Rechte sichern will, sollte einer Eigenbedarfskündigung jedoch vorsorglich widersprechen. Dies gilt jedenfalls dann, wenn sich eine entsprechende Belehrung im Kündigungsschreiben findet. Im Widerspruchsschreiben sollte der Mieter die Gründe, die für sein Verbleiben in der Wohnung sprechen, umfassend darlegen.

Vorsicht: Auf keinen Fall sollten Sie ausdrücklich erklären, dass Sie die Wohnung bei Ablauf der Kündigungsfrist nicht räumen werden. Dies würde den Vermieter zur sofortigen Erhebung einer Klage auf künftige Räumung berechtigen. Andererseits sollte man nach Erhalt einer Eigenbedarfskündigung auch nicht durch Untätigkeit den Eindruck erwecken, man werde ausziehen, wenn man es dann später nicht tut. Dies kann zu Schadenersatzansprüchen des Vermieters führen.

Rausgetrickste Mieter

Ein Vermieter darf dem Mieter seiner Wohnung wegen Eigenbedarfs kündigen, wenn zum Beispiel ein Verwandter, eine Haushaltshilfe oder eine Pflegerin einziehen soll. Täuscht der Vermieter den Bedarf aber nur vor, wird es teuer für ihn. Gerade hat der Bundesgerichtshof bekräftigt: Dann muss der Vermieter Schadenersatz zahlen (Az. VIII ZR 99/14). Musste ein Mieter ausziehen, obwohl die Kündigung unberechtigt war, darf er eigentlich in die Wohnung zurückkehren. Häufig geht das nicht, weil sie wieder neu vermietet ist. Dann muss der Vermieter zahlen. Der Mieter erhält die Umzugskosten, ebenso die Mehrkosten für die höhere Miete in der neuen Wohnung für mindestens drei Jahre ersetzt. Zahlen muss der Vermieter auch die Kosten für Wohnungssuche und Makler. Meldet ein Vermieter direkt nach

AUSFÜLLHINWEIS

→ S. 125 **Widerspruch gegen Eigenbedarfskündigung**

Führen Sie alle Gründe und berechtigten Interessen umfassend auf. Der untere Teil des Formulars dient dazu darzustellen, auf welche Weise Sie sich bereits um Ersatzwohnraum bemüht haben und warum diese Bemühungen gescheitert sind.

Streitigkeiten mit dem Mieter Eigenbedarf an, liegt der Verdacht nahe: Das ist geschummelt. Steht die Wohnung zwei Monate nach dem Auszug immer noch leer, sollte sich der Mieter genauer erkundigen.

Tipp: Bevor Sie vor Gericht gehen, fragen Sie beim Mieterverein nach. Sie müssen beweisen können, dass der Eigenbedarf vorgetäuscht war, was sich im Einzelfall als durchaus schwierig erweisen kann.

Kündigung durch den Mieter

Die Grundkonstellation bei der Kündigung durch den Mieter ist eine andere. Braucht der Vermieter einen durch das Gesetz anerkannten Grund, ist das bei Mietern gerade nicht der Fall.

Gefällt dem Mieter seine Wohnung nicht mehr, empfindet er sie als zu groß oder zu klein, gefällt ihm der Stadtteil nicht mehr oder muss er berufsbedingt in eine andere Stadt umziehen, kann all das Grund für eine ordentliche Kündigung des Mietverhältnisses durch den Mieter sein. Es kommt nicht darauf an, ob ein „rechtserheblicher" Grund für diese Kündigung besteht.

Ordentliche Kündigung des Mietverhältnisses

  Vor Ausspruch der Kündigung sollten Sie immer prüfen, ob eine ordentliche Kündigung für einen bestimmten Zeitraum vertraglich ausgeschlossen ist. Wenn ein solcher Ausschluss im Mietvertrag vereinbart ist, muss dessen Wirksamkeit überprüft werden. Ansonsten gilt die gesetzliche Kündigungsfrist von drei Monaten.

Sie können Ihre Kündigung natürlich auch mit Wirkung zu einem späteren Zeitpunkt, zum Beispiel mit sechsmonatiger Frist erklären. Beachten Sie in jedem Fall, dass die Frist erst im Folgemonat zu laufen beginnt, wenn die Kündigung nicht spätestens bis zum dritten Werktag eines Kalendermonats dem Vermieter zugeht. Wollen Sie Ihre Wohnung zum 31. Dezember eines Jahres kündigen, reicht es grundsätzlich aus, wenn Ihre Kündigung dem Vermieter nachweislich am 4. Oktober des Jahres zugeht (Achtung: der 3. Oktober ist ein Feiertag!). Soll die Kündigung zum 30. Juni erfolgen, muss die Kündigung spätestens am 3. April dem Vermieter nachweislich zugegangen sein. Sie müssen dabei berücksichtigen, dass ein Samstag möglicherweise als Werktag anzusehen ist – oder auch nicht. Bleiben Sie also lieber auf der sicheren Seite und reizen Sie Fristen nicht bis zum letztmöglichen Zeitpunkt aus. Das erhöht nur unnötig Ihr Risiko.

 S. 127

S. 131

Mietaufhebungs-vereinbarung

Sollten einige Punkte keine Gültigkeit entfalten, empfiehlt es sich, diese komplett durchzustreichen.
Sollte die Beendigung des Mietverhältnisses im Zuge einer Eigenbedarfskündigung erfolgen, sollten Sie sich unter § 1 ausdrücklich Schadenersatzansprüche vorbehalten. Dies kann durch folgende Formulierung geschehen:

„Die Vertragsparteien gehen bei Abschluss der Mietaufhebungsvereinbarung von einer Wirksamkeit der Eigenbedarfskündigung des Vermieters vom _____ und einem tatsächlichen Bestehen des geltend gemachten Eigenbedarfs aus. Eventuelle Schadenersatzansprüche wegen vorgetäuschten Eigenbedarfs behalten sich die Mieter ausdrücklich vor."

Häufig findet man in solchen Vereinbarungen das Wort Abfindung. Beachten Sie, dass nur Schadenersatzforderungen steuerfrei sind. Eine Abfindung müssen Sie gegebenenfalls versteuern. Unter Umständen ist es sinnvoll, hier noch die Gründe für die Zahlungen genauer aufzuschlüsseln.

Außerordentliche fristlose Kündigung des Mietverhältnisses

S. 129

Vor allem bei schwerwiegenden Mängeln der Mietsache kommt neben der ordentlichen auch eine außerordentliche fristlose Kündigung in Betracht. Hier ist allerdings Vorsicht geboten. Die Anforderungen der Rechtsprechung an eine fristlose Kündigung wegen Mietmängeln sind hoch. Das gilt auch für fristlose Kündigungen wegen Gesundheitsgefährdung, zum Beispiel durch Schimmelpilze in der Wohnung. Hier muss der Mieter eine konkrete Gefahr für die Gesundheit belegen.

Im Regelfall muss der Mieter den Vermieter zunächst zur Beseitigung der Mängel auffordern bzw. abmahnen. Wer ohne Vorwarnung kündigt und auszieht, muss unter Umständen später die Miete nachzahlen. Der schlaue Vermieter wird einfach eine Weile warten und dann die Mietdifferenzen geltend machen. Oft kann man dann nicht einmal eine Mietminderung wegen der Mängel durchsetzen, da man den früheren Zustand schlichtweg nicht mehr beweisen kann.

Mietaufhebungsvereinbarung

Wenn sich Vermieter und Mieter über die Beendigung des Mietverhältnisses einig sind, empfiehlt sich der Abschluss einer Mietaufhebungsvereinbarung. Hier können und sollten alle Rechte und Pflichten im Zusammenhang mit der Beendigung und der Abwicklung des Mietverhältnisses geklärt werden. Nur eine in jeder Hinsicht vollständige Mietaufhebungsvereinbarung verhindert spätere Streitigkeiten. Unbedingt muss vereinbart werden, wann die Wohnung zurückgegeben werden muss und in welchem Zustand das zu geschehen hat. Es soll auch detailliert und eindeutig festgeschrieben werden, wie Schönheitsreparaturen und/oder Reparaturen von Schäden auszuführen sind.

In jedem Fall soll die Mietaufhebungsvereinbarung eine Festlegung zur Abrechnung und Rückzahlung der Kaution enthalten. Regelungen zu Abfindungen, Abstandszahlungen oder Umzugsbeihilfen sind dann wünschenswert und sinnvoll, wenn der Vermieter ein hohes Interesse am schnellen Ende des Mietverhältnisses hat.

Abwicklung des Mietverhältnisses

Bei Ende des Mietverhältnisses fordert der Vermieter den Mieter häufig zu Durchführung von Arbeiten auf. Hierbei ist wichtig, zwischen Schönheitsreparaturen und Schadenersatz zu unterscheiden.

Schönheitsreparaturen sind – vereinfacht gesagt – alle Malerarbeiten, mit denen die üblichen Gebrauchsspuren beseitigt werden. Diese muss der Mieter nur in Ausnahmefällen durchführen.

Anders ist es mit Beschädigungen der Mietsache, die der Mieter beseitigen muss. Das sind alle nachhaltigen Substanzverletzungen. Ein Beispiel zu Abgrenzung: Verdunklungen der Farbe auf der Tapete sind typische Gebrauchsspuren. Wurde beim Auszug aber mit dem Schrank ein Loch in den Putz geschlagen, ist dies ein Schaden.

Antwort auf die Aufforderung zu Schönheitsreparaturen

 S. 137  Damit der Vermieter überhaupt Schönheitsreparaturen verlangen kann, muss eine Reihe von Voraussetzungen erfüllt sein. In erster Linie muss sich die Wohnung bei Übergabe an den Mieter in einem frisch renovierten Zustand befunden oder der Mieter für eine Erstrenovierung einen adäquaten Ausgleich erhalten haben (zum Beispiel Mietfreiheit). Außerdem müssen die entsprechenden Klauseln im Mietvertrag wirksam sein (vergleiche hierzu „Der Mietvertrags-Checker", Seiten 28 ff.). Die strenge Rechtsprechung des Bundesgerichtshofs hat zur Folge, dass Schönheitsreparaturen durch den Mieter in den allermeisten Fällen verweigert werden können (siehe „Antwort auf Forderung von Schönheitsreparaturen", Seite 137). Wichtig:

Prüfen Sie als erstes, ob Sie zur Durchführung überhaupt verpflichtet sind. Wer die Schönheitsreparaturen durchführt, muss diese fachgerecht durchführen, auch wenn er eigentlich gar nicht hätte malern müssen.

Antwort auf die Forderung von Schadenersatz

  Beschädigungen der Mietsache muss der Mieter im Allgemeinen auf eigene  S. 139 Kosten beseitigen. Das gilt allerdings nicht für solche Beschädigungen, die durch normalen Mietgebrauch entstanden sind. Befinden sich zum Beispiel in einem Parkettboden kleinere Kratzer, ist dies – jedenfalls bei einer Mietzeit von mehreren Jahren – nicht anders zu erwarten. Anders verhält es sich mit Brandlöchern durch Zigarettenkippen oder Abdrücken von Hackenschuhen bzw. eingetretenen Kronkorken.

Die Abgrenzung zwischen normalem Mietgebrauch und Schäden ist besonders nach lange währenden Mietverhältnissen oft schwierig. Häufig gelingt dies erst in einem gerichtlichen Prozess, gegebenenfalls mit einem Sachverständigengutachten.

Wenn Sie sich mit Ihrem Vermieter nicht über das Ausmaß von ersatzpflichtigen Schäden einigen können, können Sie das ja einem unparteiischen Dritten übertragen, zum Beispiel einem erfahrenen Sachverständigen. Das geht dann meist schneller und für alle Beteiligten günstiger über die Bühne.

Die Wohnungsrückgabe

Vor allem bei einem vorbelasteten Mietverhältnis kann die Übergabe der Wohnung zurück an den Vermieter kritisch werden. Formal stellt sich die Frage, in welchem Verfahren der Mieter dem Vermieter die Wohnung zurückzugeben hat. Inhaltlich geht es darum, in welchem Zustand die Wohnung zurückgegeben werden muss.

Vor Aktionen wie „Ich werfe dem Vermieter einfach meine Wohnungsschlüssel in den Briefkasten" ist in jedem Fall zu warnen. Eine ordnungsgemäße Rückgabe ist das nicht.

Bitte um Vereinbarung eines Übergabetermins

S. 141

Sie sind nicht verpflichtet, gemeinsam mit dem Vermieter vor Ort eine förmliche Abnahme durchzuführen. Es reicht grundsätzlich aus, wenn Sie die Mietsache (einschließlich Keller- und sonstiger Flächen) vollständig räumen und dem Vermieter sämtliche Schlüssel zukommen lassen.

Sie sind ebenfalls nicht verpflichtet, ein Wohnungsübergabeprotokoll des Vermieters zu unterzeichnen. Wenn Sie ein entsprechendes Protokoll unterzeichnen, sind Sie aber zur Durchführung der dort vereinbarten Arbeiten verpflichtet. Besser ist es also, im Zweifel nicht zu unterschreiben.

Verweigert der Vermieter dann die Abnahme, lassen Sie ihm sämtliche Schlüssel zur Wohnung und für Gemeinschaftsräume durch Übersendung per Wertbrief/Einschreiben zukommen.

Kommt eine einvernehmliche Übergabe nicht zustande, denken Sie bitte daran, den Übergabezustand der Wohnung in ausreichendem Maße zu dokumentieren, bevor Sie die Schlüssel aus der Hand geben und die Wohnung nicht mehr betreten können.

Wenn Sie sich berechtigt weigern, ein vom Vermieter vorgegebenes Protokoll zu unterschreiben, ein gemeinsames Protokoll zur Rückgabe der Wohnung aufgrund von Unstimmigkeiten nicht zustande kommt und/oder der Vermieter die Abnahme der Wohnung verweigert, müssen Sie unter Umständen damit rechnen, dass der Zustand der Wohnung zum Zeitpunkt der Räumung/Übergabe noch für Streit sorgen wird. Dokumentieren Sie also sicherheitshalber den Zustand mit gut erkennbaren Fotografien oder mit einem ausführlichen Video. Wenn das Gerät es ermöglicht, dass man das Datum der Aufnahme ins Bild einblenden lassen kann, sollten Sie das nutzen. Ideal ist es, wenn Sie bei der Zustandsaufnahme der Mietsache mindestens eine Zeugin oder einen Zeugen dabei haben, die oder der Ihre Angaben bezeugen kann.

Ist Ihnen eine Bildaufzeichnung nicht (mehr) möglich, erstellen Sie für sich ein genaues Protokoll mit detaillierten Beschreibungen, aufgegliedert nach Zimmern, und lassen dieses von einem Zeugen unterschreiben, der die Wohnung in der Gesamtheit gesehen hat.

Verlassen Sie sich bitte nicht auf eigene handschriftliche Aufzeichnungen ohne Zeugen, diese haben vor Gericht nur einen geringen Beweiswert.

Abrechnungen zum Mietende

Entgegen landläufiger Annahme ist der Vermieter nicht berechtigt, mit der Abrechnung der Mietsicherheit monatelang zu warten. Vermieter berufen sich meistens darauf, dass die Mietsicherheit mit einem erheblichen zeitlichen Sicherheitsabstand abgerechnet werden darf, weil nach Rückgabe der Wohnung nicht klar sei, ob noch Ansprüche gegen den Mieter bestehen.

Das Argument überzeugt so nicht: Eine klare gesetzliche Frist gibt es nicht. Die Gerichte betrachten im Regelfall drei bis sechs Monate als angemessen. Das ist sehr großzügig: In der Regel kann der Vermieter innerhalb kurzer Zeit prüfen, ob er wegen des Zustands der Wohnung gegenüber dem Mieter Ansprüche geltend machen kann und will.

Er kann außerdem prüfen, welche Summe er wegen möglicher Nachforderungen aus noch zu erfolgenden Nebenkostenabrechnungen einbehalten will. Dem Vermieter liegen hierzu ja regelmäßig die Nebenkostenabrechnungen der vorangegangenen Jahre vor. Daher ist nach unserer Auffassung dem Vermieter lediglich eine angemessene Überlegungsfrist von einem Monat einzuräumen.

Unter Umständen kann der Vermieter Teile der Mietsicherheit einbehalten, zum Beispiel weil noch größere Nachforderungen aus Betriebskostenabrechnungen zu erwarten sind. Den Einbehalt muss der Vermieter begründen.

Der Mieter kann nicht verlangen, dass der Vermieter die Nebenkosten früher abrechnet. Trotzdem sollte man den Vermieter entsprechend auffordern, damit dieser weiß, dass man hier noch Forderungen geltend machen wird. Das können Sie natürlich bleiben lassen, wenn Sie aus der Nebenkostenabrechnung noch Nachforderungen des Vermieters erwarten.

S. 143

Wer möglicherweise Schönheitsreparaturen zu tragen hat, sollte mit der Geltendmachung von Forderungen aus dem gekündigten Mietverhältnis ein halbes Jahr warten. Dann verjähren nämlich die Ansprüche des Vermieters.

Ein häufiges Argument für eine verzögerte Abrechnung der Mietsicherheit ist, dass der Vermieter glaubt, noch Ansprüche aus unterbliebenen Schönheitsreparaturen zu haben. Hier wollen sich Vermieter häufig die Möglichkeit zur Verrechnung bzw. Aufrechnung erhalten. Aber: Ein Vermieter kann nicht ohne weiteres seine Ansprüche auf Ausführung der Schönheitsreparaturen mit der Mietsicherheit verrechnen. Juristisch gilt: „Mangels Gleichartigkeit der Forderungen kann in diesem Fall auch keine Aufrechnung erfolgen". Tatsächlich muss der Vermieter den Mieter erst einmal unter Fristsetzung auffordern, die Schönheitsreparaturen durchzuführen. Erst wenn der Mieter dies klar abgelehnt hat oder die Frist ohne Reaktion verstreichen lässt, wandelt sich der Anspruch des Vermieters auf tatsächliche Durchführung in einen Anspruch auf Geldersatz, den er dann einklagen kann.

Voraussetzung ist natürlich auch, dass tatsächlich ein Anspruch auf Durchführung von Schönheitsreparaturen bestanden hat. Der Anspruch auf Geldersatz für die nicht durchgeführte Schönheitsreparatur ist dann eine Verrechnungsposition gegenüber dem

Anspruch des Mieters auf Auszahlung der Mietsicherheit. Auch hierfür hat der Vermieter aber nicht beliebig Zeit.

Streitigkeiten um die vollständige oder teilweise Rückzahlung der Mietkaution beziehngsweise um Schadenersatz aufgrund übermäßiger Abnutzung haben ein hohes Eskalationspotenzial. Die Möglichkeiten der außergerichtlichen Klärung sind begrenzt. Soweit sich Mieter und Vermieter nicht gegebenenfalls mithilfe eines Anwalts einigen, muss in diesen Streitfällen ein Gericht entscheiden.

Weigert sich der Vermieter, die Kaution abzurechnen und auszubezahlen, ohne hierfür triftige Gründe zu haben, muss Zahlungsklage erhoben werden. Ebenfalls auf Zahlung ist zu klagen, wenn der Vermieter unberechtigte Abzüge von der Kaution vornimmt.

Umgekehrt ist die Situation, wenn der Vermieter glaubt, gegen den Mieter Schadenersatzansprüche zu haben. In diesen Fällen, wenn der Vermieter nicht noch mit der Kaution verrechnet, bleibt dem Vermieter nur noch der Gang zu Gericht und Erhebung einer entsprechenden Klage.

Entscheidend ist vor Gericht häufig auch die Frage, für welche Ansprüche eine Kaution herangezogen werden kann. Die Meinung des BGH ist eindeutig: Die Kaution sichert nur Ansprüche aus dem Mietverhältnis, keine sonstigen Ansprüche des Vermieters gegen den Mieter. Das gilt selbst dann, wenn das Mietverhältnis bereits beendet ist und die Sicherungsfunktion der Kaution für Ansprüche aus dem Mietverhältnis nicht mehr erforderlich ist (BGH, Urteil vom 11.07.2012, Az. VIII ZR 36/12).

Service

Mietminderungstabelle

Die Mietminderung wird immer in % der Warmmiete angegeben und berechnet. Besteht der Mietmangel nur mehrere Tage, muss die Mietminderung tagesgenau für das Bestehen des Mietmangels berechnet werden.

100% Die Mängel müssen so schwerwiegend sein, dass die Wohnung komplett unbenutzbar ist.

Verursachen Trocknungsgeräte in einer Wohnung einen Lärmpegel von 50 dB (A), ist ein Verbleiben in der Wohnung unzumutbar. Der Mieter darf daher seine Miete um 100 % mindern (Amtsgericht Schöneberg, Urteil vom 10.04.2008, Az. 109 C 256/07).

Ausfall der Heizung in den Monaten September bis Februar. Die Minderung ist unabhängig von einem Verschulden des Vermieters (Landgericht Hamburg, Urteil vom 15.05.1975, Az. 7 O 80/74 und Landgericht Berlin, Urteil vom 20.10.1992, Az. 65 S 70/92).

Vollständiger Ausfall der Elektrik (Licht, Warmwasserbereitung, Herd) in der ganzen Wohnung (Amtsgericht Neukölln, Urteil vom 20.10.1987, Az. 15 C 23/87)

80% Die Mängel führen zu einer erheblichen Beeinträchtigung der Bewohnbarkeit.

Wird der Lebensraum in einer Wohnung durch das Aufstellen von Trocknungsgeräten und das Abrücken der Möbel von den Wänden zwecks Beseitigung eines Schimmelbefalls massiv reduziert, so berechtigt dies zu einer Mietminderung von 80 % (Landgericht Köln, Urteil vom 29.03.2012, Az. 1 S 176/11).

Bei massiven Beeinträchtigungen durch Arbeiten zu einem Dachgeschossausbau (Staub, Lärm und Gestank) kann ein Mieter die Miete um 80 % mindern (Landgericht Hamburg, Urteil vom 11.01.1996, Az. 307 S 135/95).

Die Tauglichkeit einer Mietwohnung zum vertragsgemäßen Gebrauch durch einen vom Mieter nicht verschuldeten Rattenbefall wird erheblich eingeschränkt, wenn ein Teil der Mieträume (hier: Küche, Wohn- und Arbeitszimmer) wegen der gegen den Rattenbefall ergriffenen Maßnahmen geschlossen werden muss, und die anderen Räume durch das Aufbringen von Spurenstaub auf dem Boden nur eingeschränkt nutzbar sind (Amtsgericht Dülmen, Urteil vom 15.11.2012, Juris, Az. 3 C 128/12).

70% Die Mängel müssen die Gebrauchsfähigkeit der gesamten Wohnung in erheblichem Maße einschränken.

Kommt es von Anfang Oktober bis Anfang Dezember zu einem Heizungsausfall, so liegt ein erheblicher Mangel vor. Dieser Mangel rechtfertigt eine Mietminderung der Warmmiete von 70 % (Amtsgericht Charlottenburg, Urteil vom 07.06.2013, Az. 216 C 7/13).

60% Die Mängel müssen die Gebrauchsfähigkeit der gesamten Wohnung in erheblichem Maße einschränken.

Besteht aufgrund auftretender Feuchtigkeit in der Wohnung eine erhebliche Gesundheitsgefahr und kommt es zu sichtbaren Feuchtigkeitsschäden, ist der Mieter berechtigt, seine Miete um 60 % zu mindern (Amtsgericht Bad Vilbel, Urteil vom 20.09.1996, Az. 3 b C 52/96).

50% Die Mängel müssen die Gebrauchsfähigkeit der gesamten Wohnung in erheblichem Maße einschränken.

Ist das Wohnzimmer einer Mietwohnung in erheblichem Maße von Schimmel befallen, so kann dies eine Mietminderung von 50 % rechtfertigen (Landgericht Hamburg, Urteil vom 08.01.2008, Az. 307 S 144/07).

Befindet sich über einen Zeitraum von vier Monaten ein Gerüst vor der Dachgeschosswohnung und werden eine Woche lang Dacharbeiten ausgeführt, so rechtfertigt dies eine Minderung der Miete um insgesamt 50 % (Bundesgerichtshof, Urteil vom 12.12.2012, Az. VIII ZR 181/12).

Funktioniert eine Heizung nicht, so rechtfertigt dies auch außerhalb der Heizperiode eine Mietminderung in Höhe von 50 %, wenn es angesichts des übrigen Zustands der Wohnung unangenehm kalt ist (Amtsgericht Villingen-Schwenningen, Urteil vom 03.10.2015, Az. 11 C 243/14).

Kommt es in einem Mietshaus immer wieder zu sehr starken Lärmbelästigungen durch andere Mieter, so kann der Mieter berechtigt sein, die Miete um 50 % zu mindern (Amtsgericht Braunschweig, Urteil vom 03.08.1989, Az. 113 C 168/89 (9)).

40% Die Mängel müssen die Gebrauchsfähigkeit der gesamten Wohnung oder zumindest der überwiegenden Zahl der Räume in erheblichem Maße einschränken.

Ist eine nachhaltige Gesundheitsgefährdung des Mieters aufgrund von Feuchtigkeit in der Wohnung gegeben, kann eine Minderung der Miete in Höhe von 40 % angemessen sein. Ob der Wohnungszustand eine nachhaltige Gesundheitsgefährdung des Mieters darstellt, ist nach objektiver Betrachtungsweise festzustellen (Landgericht Saarbrücken, Urteil vom 13.05.1981, Juris, Az. 16 S 118/80).

Bei Schimmelbefall im Schlafzimmer und in der Küche sowie Feuchtigkeit auf den Wänden, sodass ein akuter und nicht nur vergangener Schimmelbefall vorliegt, soll eine Mietminderung in Höhe von 40 % angemessen sein (Amtsgericht Oldenburg, Urteil vom 05.02.2008, Az. 23 (22) C 378/07, zitiert nach beckonline).

Sind Wohnräume in der Heizperiode nicht beheizbar, soll eine Mietminderung in Höhe von 40 % angemessen sein (LG Berlin, Beschluss vom 04.06.1993, Az. 64 T 69/93, BeckRS 2010, 09992).

33 % Die Mängel müssen die Gebrauchsfähigkeit der gesamten Wohnung oder zumindest der überwiegenden Zahl der Räume in erheblichem Maße einschränken.

Ist die einzige in der Mietwohnung vorhandene Bade- oder Duschanlage nicht benutzbar, so ist der Mieter berechtigt, die Bruttomiete in Höhe von 1/3 zu mindern, da eine erhebliche Beeinträchtigung der Gebrauchstauglichkeit der Mietsache gegeben ist (Amtsgericht Köln, Urteil vom 1.04.1996, Az. 206 C 85/95).

Bestialischer Gestank im Wohnhaus mindert den Wohnwert zu einem Drittel (Amtsgericht Köln, Urteil vom 27.09.1988, Az. 201 C 457/87).

25 % Die Mängel müssen die Gebrauchsfähigkeit der gesamten Wohnung oder zumindest der überwiegenden Zahl der Räume einschränken.

Berechtigung zur Mietminderung von 25 % wegen Taubenhaltung auf dem Nachbargrundstück (Amtsgericht Dortmund, Urteil vom 14.09.1979, Az. 121 C 151/79)

Bei Ausfall der Heizungsanlage ist eine Mietminderung von ca 25 % angemessen (Amtsgericht Waldbröl, Urteil vom 18.07.1980, Az. 3 C 396/80).

Beeinträchtigungen, die von außerhalb der Wohnung herrühren (Lärm), berechtigen ebenso zur Minderung wie eine Tatsache, die den Mieter befürchten lassen muß, das Opfer krimineller Handlungen seiner Hausnachbarn zu werden. Eine angemessene Minderung beträgt dann 25 % (Amtsgericht Köln, Urteil vom 04.01.1978, Az. 152 C 1322/77).

20 % Die Mängel müssen die Gebrauchsfähigkeit zumindest eines Teils der Räume in nicht unerheblichem Maße einschränken.

Beim Schimmelpilzbefall in erheblichem Umfange im Wohnzimmer, im Schlafzimmer und im Bad kann ein Mieter die Miete um 20 % mindern (Landgericht Osnabrück, Urteil vom 02.12.1988, Az. 11 S 277/88).

Führen nicht ordnungsgemäße Dichtungen an Fenstern und Außentüren zu Zugluft und nicht nur zu einem zumutbaren Luftaustausch, so ist der Mietzins um 20 % zu mindern (Landgericht Kassel, Urteil vom 30.07.1987, Az. 1 S 274/84).

Der Ausfall der Wasserversorgung berechtigt den Wohnungsmieter zu einer Mietminderung von 20 % (Landgericht Berlin, Beschluss vom 18.08.2002, Az. 67 T 70/02).

15 % Die Mängel müssen die Gebrauchsfähigkeit zumindest eines Teils der Räume in nicht unerheblichem Maße einschränken.

Muss ein Mieter aus dem 6. Obergeschoss über einen längeren Zeitraum (hier 16 Tage) Treppen steigen, weil der Lift nicht funktioniert, so kann er die Miete um 15 % mindern (Amtsgericht Berlin-Mitte, Urteil vom 03.05.2007, Az. 10 C 3/07).

Der Austausch des Motors eines elektrischen Tiefgaragentors führte zu einer neu auftretenden Geräuschbelästigung der darüber wohnenden Mieter. Das Landgericht Hamburg folgerte nach einem technischen Gutachten, dass bei richtigem Einbau der Motor die Lärmgrenzwerte der DIN 4109 einhalten würde und erachtete eine Minderung um 15 % der Brutto-Warmmiete für angemessen (Landgericht Hamburg, Urteil vom 26.03.2009, Az. 333 S 65/08).

10 % Die Beeinträchtigung der Gebrauchstauglichkeit darf nicht unerheblich sein.

Die teilweise Belegung eines Wohnungsgrundstücks mit Baumaterial stellt einen Mangel des Mietobjekts dar, der den Mieter zur Minderung des Mietzinses in Höhe von 10 % berechtigt (Amtsgericht Bad Segeberg, Urteil vom 21.11.1991, Az. 17 C 122/91).

Die Störung des Hausfriedens durch grob-unflätige Beschimpfungen und Bedrohungen der Mieter durch die Hauswartsleute stellt einen zur Mietminderung um 10 % berechtigenden Mangel der Mietsache dar (Amtsgericht Neukölln, Urteil vom 09.12.1982, Az. 10 C 255/82).

Mietminderung von 10 % wegen Baulärms über 9 Monate hinweg. Der Umstand, dass ab einem bestimmten Zeitpunkt in den benachbarten Neubau Fenster eingebaut waren, schließt eine Mietminderung wegen Baulärms nicht aus, zumal auch Innenarbeiten keineswegs nur bei geschlossenen Fenstern ausgeführt werden (Landgericht Köln, Urteil vom 05.09.2002, Az. 1 S 60/02).

Glossar

Abmahnung: Mit einer Abmahnung kann der Vermieter wie auch der Mieter die jeweils andere Partei wegen eines Fehlverhaltens abmahnen. Häufigster Fall der Abmahnung ist Zahlungsverzug.

Abnahmeprotokoll: Im Abnahme- oder Übergabeprotokoll werden bei Übernahme oder Rückgabe der Wohnung der Zustand der Wohnung (jedes einzelnen Zimmers) wie auch Zählerstände festgehalten.

Amtsgericht: Das Amtsgericht ist in der Zivilgerichtsbarkeit bei einem Streitwert bis 5 000 Euro die erste Instanz. In Wohnraummietsachen ist unabhängig vom Streitwert immer das Amtsgericht die erste Instanz.

Befristung: Eine Befristung in einem Mietvertrag heißt: Abschluss eines Mietverhältnisses auf Zeit, betrachtet nach Monaten oder Jahren. Ein solcher Mietvertrag muss schriftlich vereinbart werden.

Berufung: Mit der Berufung wird ein Rechtsstreit in die 2. Instanz gebracht. In Wohnraummietsachen ist das Berufungsgericht das Landgericht.

Betriebskosten: Betriebskosten werden häufig auch als Nebenkosten bezeichnet. Zu unterscheiden ist zwischen kalten und warmen Betriebskosten. Betriebskosten sind laufende, regelmäßig wiederkehrende Kosten im Zusammenhang mit dem Haus oder dem Grundstück.

Beweis: Der Beweis für einen geltend gemachten Anspruch wird durch Beweismittel erbracht. Beweismittel sind Zeugen, Sachverständige, gerichtlicher Augenschein und Urkunden. Das in der Praxis wichtigste Beweismittel ist die Urkunde, also alles, was schriftlich vorliegt.

Eigenbedarf: Bei Eigenbedarf beruft sich der Vermieter auf eine gesetzliche Kündigungsmöglichkeit. Diese greift, wenn er die Wohnung für sich selbst, für eine zu seinem Haushalt gehörende Person oder für einen Familienangehörigen benötigt.

Geruchsbelästigung: Geruchsbelästigungen gehören in das Recht der Mängelgewährleistung. Zu unterscheiden ist zwischen erheblichen Geruchsbelästigungen und sozialadäquaten. Sozialadäquate Geruchsbelästigungen sind beispielsweise haushaltsübliche Kochgerüche. Solche muss jeder Mieter auch in einem Treppenhaus hinnehmen.

Hausordnung: Die Hausordnung ist entweder Bestandteil des Mietvertrags oder kann vom Vermieter einseitig aufgestellt werden. Geregelt sind vor allem die Hausreinigung und die Benutzung gemeinsamer Einrichtungen. Viele Hausordnungen enthalten aber auch Bestimmungen zum Schutz der Mieter vor gegenseitigen Belästigungen.

Indexmiete: Bei Vereinbarung einer Indexmiete richtet sich die Miete dynamisch nach dem vom Statistischen Bundesamt/EUROSTAT ermittelten Preisindex für die Lebenshaltung aller privaten Haushalte in Deutschland.

Instandhaltung: Zur Instandhaltung gehören vorbeugende Maßnahmen, die den ordnungsgemäßen Zustand der Wohnung aufrechterhalten sollen bzw. drohende Schäden unterbinden sollen, solange sie nicht eingetreten sind. Häufiger Fall der Instandhaltung ist der Austausch der alten Heizanlage gegen eine modernere.

Instandsetzung: Bei der Instandsetzung liegt bereits ein ordnungswidriger Zustand in der Wohnung oder am Gebäude vor. Mit der Instandsetzung wird dieser Zustand abgeändert, so dass danach ein dem vertragsgemäßen Zweck entsprechender ordnungsgemäßer Zustand vorliegt. Beispiel für eine Instandsetzung: Reparatur des Mauerwerks nach einem Wasserschaden.

Lärmprotokoll: Lärmbeeinträchtigungen gehören wie Geruchsbelästigungen zum Recht der Mängelgewährleistung. Unzumutbare Lärmbeeinträchtigungen muss ein Mieter nicht hinnehmen. Der Beweis wird durch ein Lärmprotokoll geführt, in dem der genaue Zeitpunkt bzw. Zeitraum der Lärmbeeinträchtigung wie auch die Art der Lärmbeeinträchtigung und die Art der Auswirkungen zu beschreiben sind.

Mietkaution: Die Mietkaution ist eine Sicherheit, die der Mieter stellt. Die Kaution dient der Absicherung von Forderungen aus dem Mietverhältnis. Der Vermieter muss bei Wohnraummietverträgen die Kaution von seinem Vermögen getrennt aufbewahren.

Mietminderung: Die Mietminderung ist ein Recht aus einem Wohnungsmangel. Mietminderung bedeutet die Herabsetzung der monatlich zu zahlenden Miete um einen bestimmten Betrag, der dem Ausmaß des Mangels entspricht.

Mietspiegel: Der Mietspiegel dient der Ermittlung der Miethöhe vor allem in Streitigkeiten um Mieterhöhungen. Im Gesetz wird zwischen einfachem und qualifiziertem Mietspiegel unterschieden.

Modernisierung: Unter Modernisierung fallen Maßnahmen zur Verbesserung der Mietsache, zur Einsparung von Energie oder Wasser und zur Schaffung neuen Wohnraums. Häufige Maßnahmen zur Modernisierung sind der Anbau eines Balkons und der Anschluss einer Wohnung an das Kabelfernsehen bzw. digitales Fernsehen.

Schriftform: Wenn Erklärungen schriftlich abzugeben sind, bedeutet das, dass sie vom Erklärenden eigenhändig mit dem Namen unterschrieben sein müssen.

Schönheitsreparaturen: Schönheitsreparaturen sind alle malermäßigen Arbeiten, die erforderlich sind, um die Räume in einen zur Vermietung geeigneten Zustand zu versetzen. Ob und welche Schönheitsreparaturen durchzuführen sind, ist ein häufiger Streitfall zwischen Mieter und Vermieter.

Staffelmiete: Bei der Staffelmiete wird eine Vereinbarung über die Höhe des Mietzinses für Folgejahre abgeschlossen, wobei eine Mietzinssteigerung von vornherein festgelegt wird. Eine Staffelmiete ist nur zulässig bei Beachtung der gesetzlichen Formvorschriften.

Verjährung: Die Verjährung bewirkt, dass ein an und für sich noch bestehender Anspruch nicht mehr durchgesetzt werden kann. Verjährungsfristen sind im Gesetz geregelt. Die Regelverjährung beträgt drei Jahre, im Mietrecht gibt es hiervon abweichende (kürzere) Verjährungsfristen.

Register

Die Stiftung Warentest wurde 1964 auf Beschluss des Deutschen Bundestages gegründet, um dem Verbraucher durch vergleichende Tests von Waren und Dienstleistungen eine unabhängige und objektive Unterstützung zu bieten.

Wir kaufen – anonym im Handel, nehmen Dienstleistungen verdeckt in Anspruch.

Wir testen – mit wissenschaftlichen Methoden in unabhängigen Instituten nach unseren Vorgaben.

Wir bewerten – von sehr gut bis mangelhaft, ausschließlich auf Basis der objektivierten Untersuchungsergebnisse.

Wir veröffentlichen – anzeigenfrei in unseren Büchern, den Zeitschriften test und Finanztest und im Internet unter www.test.de

© 2016 Stiftung Warentest, Berlin

Stiftung Warentest
Lützowplatz 11–13
10785 Berlin
Telefon 0 30/26 31–0
Fax 0 30/26 31–25 25
www.test.de
email@stiftung-warentest.de

USt-IdNr.: DE136725570

Vorstand: Hubertus Primus
Weitere Mitglieder der Geschäftsleitung:
Dr. Holger Brackemann, Daniel Gläser

Programmleitung: Niclas Dewitz

Autoren: Alexander Bredereck, Volker Dineiger
Projektleitung/Lektorat: Uwe Meilahn
Fachliche Mitarbeit: Nina Metz, Mathis Herpel, Nadine Kluge, Taisiia Korovina
Titelentwurf: Josephine Rank, Berlin
Layout: Martina Römer, Berlin
Bildnachweis: fotolia (Titel)

Produktion: Vera Göring
Verlagsherstellung: Rita Brosius (Ltg.), Susanne Beeh
Litho: tiff.any, Berlin
Druck: KonradinHeckel, Heckel GmbH, Nürnberg

ISBN: 978-3-86851-389-9

Wir haben für dieses Buch 100 % Recyclingpapier und mineralölfreie Druckfarben verwendet. Stiftung Warentest druckt ausschließlich in Deutschland, weil hier hohe Umweltstandards gelten und kurze Transportwege für geringe CO_2-Emissionen sorgen. Auch die Weiterverarbeitung erfolgt ausschließlich in Deutschland.

Formulare
zum Heraustrennen

Service
Alle Formulare können Sie
auch kostenlos online ausfüllen.
Sie finden sie unter
**www.test.de/
formulare-mieterset**

Mietschuldenfreiheitsbescheinigung

Der Vorvermieter:

_____
Name des Vorvermieters

_____
Straße, Hausnr.

_____
PLZ, Ort

_____
Telefon

erklärt hiermit, dass sein / e ehemaliger / ehemaligen Mieter:

_____
Name Mieter

_____
Name Mieter

☐ keine Zahlungsrückstände aus dem Mietverhältnis hat / haben. Der / Die Mieter ist / sind sämtlichen Zahlungsverpflichtungen immer pünktlich nachgekommen.

☐ keine Zahlungsrückstände aus dem Mietverhältnis hat/haben.

☐ Zahlungsrückstände aus dem Mietverhältnis in Höhe von

_____ Euro hat / haben.

Die Zahlungsrückstände haben folgenden Hintergrund:

_____

_____

Zur Beseitigung dieser Zahlungsrückstände wurde folgende Vereinbarung getroffen:

_____

_____

_____
Datum, Unterschrift des Vorvermieters

Wohnungsübergabeprotokoll
für den Einzug / Auszug

**Datum der
Besichtigung:** _____

☐ vor dem Einzug   ☐ vor dem Auszug

Besichtigte Wohnung: _____

Straße Nr., Etage, Orientierung (links / rechts)

_____

PLZ Ort

Vermieter: _____

Name, Vorname, evtl. Firma

_____

Straße Nr., PLZ Ort

_____

Beauftragter / Hausverwaltung: Name, Vorname, Firma

Mieter: _____

1. Name, Vorname

_____

2. Name, Vorname

_____

Ehemalige bzw. neue Anschrift: Straße Nr., PLZ Ort

Weitere Teilnehmer der Besichtigung:

auf Vermieterseite: _____

Name, Vorname

auf Mieterseite _____

Name, Vorname

Zählerstände:

	Zähler-Nr.:	Zählerstand:
Strom	_____	_____
Gas	_____	_____
Warmwasser	_____	_____
Kaltwasser	_____	_____

Heizkostenverteiler Wohnzimmer   Zähler-Nr.: _____   Zählerstand: _____

Heizkostenverteiler Küche   Zähler-Nr.: _____   Zählerstand: _____

Heizkostenverteiler Bad   Zähler-Nr.: _____   Zählerstand: _____

Heizkostenverteiler Zimmer 1   Zähler-Nr.: _____   Zählerstand: _____

Heizkostenverteiler Zimmer 2   Zähler-Nr.: _____   Zählerstand: _____

Heizkostenverteiler Zimmer 3   Zähler-Nr.: _____   Zählerstand: _____

Heizkostenverteiler Zimmer 4   Zähler-Nr.: _____   Zählerstand: _____

Der / Die Mieter bestätigt / en, die Wohnung in folgender Ausstattung übernommen / übergeben zu haben (bitte nicht Zutreffendes durchstreichen):

Der Vermieter bestätigt, die Wohnung in folgender Ausstattung übernommen / übergeben zu haben (bitte nicht Zutreffendes durchstreichen):

Küche:

- [ ] Einbauküche   _____ bestehend aus:
- [ ] Kühlschrank   [ ] Gefrierschrank   [ ] Gasherd
- [ ] Elektroherd   [ ] Spüle 1 Becken   [ ] Spüle 2 Becken
- [ ] Mikrowelle   [ ] Waschmaschinenanschluss   [ ] Geschirrspüler
- [ ] sonstige: _____

Badezimmer:

- [ ] Badewanne   [ ] Duschkabine   [ ] WC
- [ ] Waschmaschinenanschluss   [ ] Durchlauferhitzer (elektrisch / Gas)
- [ ] sonstige: _____

Gäste-WC:

- [ ] Duschkabine   [ ] WC   [ ] Durchlauferhitzer (elektrisch / Gas)
- [ ] sonstige: _____

Flur:

- [ ] Gegensprechanlage mit Türöffner

In bzw. an folgenden Räumen befindet sich (bitte Raumnummern aus Tabelle eintragen):

Parkett _____   Laminat _____   Fliesen _____

Jalousie _____   Deckenbeleuchtung _____

Terrasse _____   Garten _____   Balkon _____

☐ **Die Wohnung wird in vollständig renoviertem Zustand übergeben.**

Die letzte vollständige Renovierung erfolgte am: _____

☐ **Die Wohnung wird unrenoviert übergeben.**

Bei der Wohnungsbesichtigung

am _____ (Tag.Monat.Jahr) wurden

☐ **keine Mängel festgestellt.**

☐ **folgende Mängel festgestellt:**

Raum	In Ordnung	Mängel	Bemerkungen
1. Schlafzimmer	☐ ja		
2. Kinderzimmer	☐ ja		
3. Arbeitszimmer	☐ ja		
4. Wohnzimmer	☐ ja		
5. Diele / Flur	☐ ja		
6. Küche	☐ ja		
7. Bad / WC	☐ ja		
8. Gäste-WC	☐ ja		
8. Weitere Räume	☐ ja		
9. Balkon / Terrasse	☐ ja		
10. Garten	☐ ja		
11. Keller Nr.: _____	☐ ja		
12. Garage	☐ ja		

Es wurden _____ **Wohnungsschlüssel**   _____ **Hausschlüssel**

_____ **Briefkastenschlüssel**   _____ **Zentralschlüssel**

_____ **Garagenschlüssel**   _____ **Kellerschlüssel** übergeben.

Es fehlen noch folgende Schlüssel: _____

diese werden spätestens bis zum _____ durch _____ nachgereicht.

Bemerkungen – Sonstiges:

_____

_____

_____

_____

Anlagen:

☐ _____ Fotos des Mietobjekts vom Aufnahmedatum: _____

Vermieter und Mieter bestätigen durch ihre Unterschrift die Richtigkeit des Übergabeprotokolls. Dies betrifft auch die Vollständigkeit der getroffenen Feststellungen.

_____

Datum

_____   _____

Vermieter: (Unterschrift)   1. Mieter: (Unterschrift)

                                                                            _____

                                                                            2. Mieter: (Unterschrift)

_____

Zeuge(n): (Name, Anschrift, Unterschrift)

Abs.
_____

Name
_____

Straße
_____

PLZ, Ort
_____

Telefon
_____

Mobil
_____

E-Mail
_____

Datum, Ort

Meldung neuer Mitbewohner für Mietobjekt:

Sehr geehrte(r) Damen und Herren / Frau / Herr _____ ,

ich / wir bin / sind Mieter der im Betreff genannten Räumlichkeiten.

Ab dem _____

werde / n ich / wir folgende weitere Person / en in meinen / unseren Haushalt aufnehmen:

Herrn / Frau: _____ geboren am _____ , bisher wohnhaft in

_____

Der Mieter wird voraussichtlich bis zum_____ bei mir / uns wohnen.

Diese / r steht in folgendem Verhältnis zu mir / uns:

_____

Ich / Wir bitten Sie, mir / uns den Erhalt dieser Mitteilung schriftlich zu bestätigen.

Mit freundlichen Grüßen

_____
Datum, Unterschrift

Abs.

Name

Straße

PLZ, Ort

Telefon

Mobil

E-Mail

Datum, Ort

Antrag auf Zustimmung zur Untervermietung für Mietobjekt:

Sehr geehrte(r) Damen und Herren / Frau / Herr _____ ,

in der von mir / uns angemieteten und im Betreff näher bezeichneten Wohnung möchte / n ich / wir das
_____ untervermieten.

Benennung des / der Zimmer / s

Laut Mietvertrag

☐ bin / sind ich / wir zur Untervermietung berechtigt und setze / n Sie hiermit darüber in Kenntnis.

☐ ist mir / uns die Untervermietung nur mit Ihrer Zustimmung erlaubt, die ich / wir hiermit erbitte / n.

Mein / Unser berechtigtes Interesse ergibt sich aus folgendem Grund:

_____

_____

_____

Der Untermieter ist Herr / Frau _____ , geboren am _____

in _____ , bislang wohnhaft in: _____

Sollten Sie weitere Angaben zum Untermieter benötigen, bitte / n ich / wir um zeitnahe Mitteilung.

Das Untermietverhältnis soll bis zum _____

/ unbefristet mit gesetzlicher Kündigungsfrist abgeschlossen werden.

Vorsorglich wird auf Folgendes hingewiesen: Meiner / Unserer Ansicht nach sind Sie aufgrund des von
mir / uns dargelegten berechtigten Interesses verpflichtet, meinem / unserem Antrag zuzustimmen.
Gleichwohl wird die Untervermietung nicht ohne Ihre ausdrückliche Zustimmung beginnen. Für den
Fall der Nichterteilung oder nicht rechtzeitigen Erteilung der Zustimmung behalte ich mir / behalten
wir uns allerdings vor, Schadenersatz wegen der durch Ihre unberechtigte Verweigerung entgange-
nen Mieteinnahmen geltend zu machen.

Mit freundlichen Grüßen

_____

Datum, Unterschrift

Abs.

Name

Straße

PLZ, Ort

Telefon

Mobil

E-Mail

Datum, Ort

Anfrage um Erlaubnis zur Haustierhaltung in Mietobjekt:

Sehr geehrte(r) Damen und Herren / Frau / Herr _____ ,

ich / wir möchte / n mir / uns ein Haustier anschaffen. Dabei soll es sich um

_____ handeln.

verständliche Beschreibung von Tierart und Rasse

Im Mietvertrag / in der Hausordnung ist geregelt, dass ich / wir

☐ berechtigt bin / sind, mir / uns ein solches Haustier anzuschaffen. Daher möchte / n ich / wir Sie hiermit lediglich über die geplante Haltung informieren.

☐ ohne Ihre Genehmigung nicht berechtigt bin / sind, mir / uns ein solches Haustier anzuschaffen. Daher wird um Ihre Erlaubnis gebeten. Ich / wir würde / n mich / uns freuen, bis zum

_____ eine Antwort zu erhalten.

Bislang halte / n ich / wir

☐ keine

☐ folgende weiteren Tiere in meiner Wohnung:

_____

Ich / Wir bin / sind mir / uns darüber im Klaren, dass ich / wir die Verantwortung für das Tier und eventuell von ihm angerichtete Schäden trage / n. Es wird dafür Sorge getragen, dass durch die Tierhaltung keinerlei Beeinträchtigungen Dritter in deren Mietgebrauch entstehen und weitest möglich auch keine anderweitigen Störungen der Nachbarschaft verursacht werden.
Für eventuelle Rückfragen stehe / n ich / wir selbstverständlich zur Verfügung.

Mit freundlichen Grüßen

_____

Datum, Unterschrift

Abs.

Name

Straße

PLZ, Ort

Telefon

Mobil

E-Mail

Datum, Ort

Störungen im Mietgebrauch, Mietobjekt:

Sehr geehrte(r) Damen und Herren / Frau / Herr _____ ,

wie bekannt, bin / sind ich / wir Ihr / e Nachbar / n in dem im Betreff bezeichneten Mietobjekt.

Seit dem _____ gehen von Ihrer Wohnung folgende Störungen aus:

_____

_____

_____

Ihr Verhalten stellt einen eklatanten Verstoß gegen die

☐ Hausordnung,   ☐ gegen nachbarrechtliche Bestimmungen und die

☐ gegen Ihren Mietvertrag,   ☐ Bestimmungen zum Schutz vor Lärm dar.

Ich / Wir bin / sind nicht länger bereit, diese Verstöße zu tolerieren. Hiermit habe / n ich / wir Sie aufzufordern,

innerhalb einer Frist bis zum _____ hierher schriftlich zu erklären,

dass Sie die aufgeführten Handlungen künftig unterlassen werden.

Sollte die geforderte Erklärung nicht innerhalb der gesetzten Frist zugehen, werde / n ich / wir einen Rechtsanwalt mit der weiteren Vertretung meiner / unserer Interessen beauftragen. Hierdurch werden Kosten entstehen, die Sie dann als Schadenersatz zu tragen hätten. Außerdem wird der Vermieter über die Störungen in Kenntnis gesetzt und meine / unsere diesbezüglichen Rechte wegen der Beeinträchtigung im Mietgebrauch durch Ihr Verhalten auch gegenüber diesem geltend machen.

Lassen Sie mich / uns abschließend betonen, dass es mir / uns im Interesse eines guten nachbarschaftlichen Verhältnisses äußerst unangenehm ist, mich / uns mit diesem Schreiben an Sie wenden zu müssen. Ich / Wir würde / n es sehr bedauern, wenn Sie durch eine Fortsetzung Ihres Verhaltens eine weitere Eskalation der Angelegenheit bewirken würden.

Mit freundlichen Grüßen

_____
Datum, Unterschrift

Abs.

Name

Straße

PLZ, Ort

Telefon

Mobil

E-Mail

Datum, Ort

Beschwerde über Nachbarn, Mietobjekt:

Sehr geehrte(r) Damen und Herren / Frau / Herr _____ ,

ich / wir bin / sind Mieter der im Betreff bezeichneten Wohnung. Leider habe / n ich / wir seit dem

_____ wiederholt folgende Probleme mit meinem / r Nachbar / in / unserem / r Nachbar / in

Herrn / Frau _____

Wiederholte Hinweise an den / die Nachbar / in, die bezeichneten Störungen zu unterlassen,
blieben ohne Erfolg. Mit dem in der Anlage beigefügten Schreiben vom

_____ habe / n ich / wir mich / uns unter Fristsetzung an den / die Nachbar / in gewandt.

Darauf erfolgte

☐ keine Reaktion

☐ folgende Reaktion: _____

_____

Die Störungen wurden ungeachtet dessen fortgesetzt.

Dieses Verhalten, insbesondere die anhaltenden Verstöße gegen die Hausordnung und die mietvertraglichen Bestimmungen durch bezeichnete / n Nachbarn, wird nicht weiter hingenommen.

Aufgrund unseres Mietvertrags sind auch Sie verpflichtet, auf eine Einhaltung der Hausordnung und der
mietvertraglichen Bestimmungen hinzuwirken. Ich / Wir habe / n Sie daher aufzufordern, innerhalb einer Frist

bis zum _____ hierher mitzuteilen, welche konkreten Maßnahmen zur

Beendigung des vertragswidrigen Zustands Sie eingeleitet haben bzw. einzuleiten gedenken.

Das dargestellte nachbarliche Verhalten bewirkt zudem eine Beeinträchtigung in meinem / unserem Mietgebrauch. Vor diesem Hintergrund sind die monatlichen Mietzahlungen gemindert. Die Zahlungen werden
zunächst in voller Höhe unter Vorbehalt weitergeleistet. Ich / Wir behalte / n mir / uns allerdings eine spätere
Rückforderung der überzahlten Miete ausdrücklich vor.

Vorsorglich wird darauf hingewiesen, dass ich / wir für den Fall, dass innerhalb der gesetzten Frist keine Abhilfe erreicht wird, einen Rechtsanwalt mit der weiteren Interessenwahrnehmung beauftragen werde / n. Die hierdurch entstehenden Kosten sind dann gegebenenfalls von Ihnen zu tragen, soweit Sie sich mit der Ergreifung der geforderten Maßnahmen in Verzug befinden.

Abschließend will / wollen ich / wir betonen, dass mir / uns sehr an einem einvernehmlichen Miteinander sowohl mit Ihnen als Vermieter, als auch mit meinem Nachbarn gelegen ist. Vor diesem Hintergrund hoffe / n ich / wir, dass die vorstehend angekündigten Weiterungen nicht notwendig sein werden.

Mit freundlichen Grüßen

_____

Datum, Unterschrift

Abs.

Name

Straße

PLZ, Ort

Telefon

Mobil

E-Mail

Datum, Ort

Widerspruch gegen die Abrechnung der Nebenkosten vom _____ , zum Mietobjekt:

Sehr geehrte(r) Damen und Herren / Frau / Herr _____ ,

hiermit widerspreche / n ich / wir der mir / uns
am _____ zugegangenen

Nebenkostenabrechnung vom _____

Ich / Wir habe / n folgende / n Punkt / e zu beanstanden:

☐ **Die Nebenkostenabrechnung ist für mich als Laie nicht zu verstehen.**
Gemäß § 259 BGB sind Sie verpflichtet, die Nebenkostenabrechnung so abzufassen, dass ich / wir diese als juristische / r und betriebswirtschaftliche / r Laie / n nachvollziehen und die Angaben überprüfen kann / können. Die Abrechnung hat in einer geordneten Zusammenstellung mit einer zweckmäßigen und übersichtlichen Gliederung der einzelnen Posten zu erfolgen. Die Einzelpositionen müssen rechnerisch nachvollziehbar dargelegt werden. Daran fehlt es bei der bezeichneten Abrechnung insgesamt.

☐ **Die Nebenkostenabrechnung erfolgte verspätet.**

Ich / Wir haben die Abrechnung am _____ erhalten. Gemäß § 556 Abs. 3 BGB

muss die Abrechnung bis spätestens zum Ende des 12. Monats nach Beendigung des Abrechnungszeitraums mitgeteilt werden.
Die Nebenkostenabrechnung bezieht sich auf den Abrechnungszeitraum vom

_____ bis _____ .

Die Abrechnungsfrist begann damit am _____ (Folgetags des letzten Tages des

Abrechnungszeitraums) und endete am _____ (Ende des zwölften Monats nach

dem vorgenannten Datum).
Da die Frist nicht eingehalten wurde, sind die sich aus der Nebenkosten ergebenden Nachforderungen meinerseits nicht geschuldet.

☐ **Der zugrunde gelegte Abrechnungszeitraum umfasst nicht ein Jahr.**

Die Zeitspanne für die Nebenkostenabrechnung umfasst nach § 556 Abs. 3 S. 1 BGB ein Jahr. Die von Ihnen übermittelte Nebenkostenabrechnung bezieht sich allerdings auf den Zeitraum vom

_____ bis _____ . Es wurden somit _____ Monate

zugrunde gelegt. Auch im Mietvertrag wurde kein veränderter Abrechnungszeitraum vereinbart. Vor diesem Hintergrund ist die Abrechnung fehlerhaft.

☐ **Der zugrunde gelegte Abrechnungszeitraum entspricht nicht den vertraglichen Vereinbarungen.**

Im Mietvertrag wurde vereinbart, dass der Abrechnungszeitraum vom

_____ bis _____ läuft. Stattdessen wurde in der Abrechnung

ein Abrechnungszeitraum vom _____ bis _____

zugrunde gelegt.

☐ **Der Vorauszahlungsbetrag wurde nicht korrekt abgezogen.**

Meine/Unsere monatliche Vorauszahlung beträgt _____ Euro (Vorauszahlungsbetrag),

jährlich also _____ Euro (Vorauszahlungsbetrag x 12).

In der Nebenkostenabrechnung sind jedoch nur _____ Euro als Vorauszahlungen

in Ansatz gebracht worden. Das Gesamtergebnis der Abrechnung ist vor diesem Hintergrund nachteilig zu meinen/unseren Lasten.

☐ **Das Zustandekommen des Verteilerschlüssels ist nicht nachvollziehbar.**

Eine korrekte Nebenkostenabrechnung muss die Verteilung der einzelnen Positionen auf die jeweiligen Mieter nachvollziehbar darstellen. Nach Angabe eines Verteilerschlüssels wird der Anteil des einzelnen Mieters an den Gesamtkosten errechnet und mit den von dem jeweiligen Mieter geleisteten Vorauszahlungen verrechnet. In Ihrem Schreiben fehlt/fehlen folgende Angabe(n) bzw. sind nicht nachvollziehbar.

_____

_____

_____

☐ **In der Abrechnung befinden sich Posten, welche nicht auf den Mieter umgelegt werden können.**

Dabei handelt es sich um die Kosten für:

☐ die Hausverwaltung   ☐ Wohngeld

☐ Instandhaltungsrücklagen   ☐ eine Fassadenreinigung

☐ die Reparaturarbeiten betreffend _____

☐ In der Abrechnung finden sich Kosten für einen Hausmeister in Höhe von _____ Euro, obwohl in unserem Objekt im Abrechnungszeitraum kein Hausmeister tätig war.

☐ In der Abrechnung finden sich Kosten für die Hausreinigung in Höhe von _____ Euro, obwohl in unserem Objekt im Abrechnungszeitraum keine Reinigungsarbeiten durchgeführt wurden.

☐ _____

☐ _____

☐ _____

☐ _____

Ich/Wir habe/n Sie zunächst zur Übersendung einer korrigierten, inhaltlich korrekten und nachvollziehbaren Nebenkostenabrechnung aufzufordern.

Vorsorglich verlange/n ich/wir bereits jetzt Einsicht in die Belege zu folgenden Abrechnungspositionen:

_____

_____

_____

_____

_____

☐ Ich/Wir schlage/n vor, dass Sie mir/uns die Belege in Kopie übersenden. Für den Fall der vollständigen Übersendung wird Ihnen eine Kostenerstattung im Rahmen des Üblichen (bis zu 0,25 Euro/Kopie) ausdrücklich zugesagt.

☐ Falls eine Übersendung Ihrerseits abgelehnt wird, wird um Mitteilung gebeten, wann und wo eine Einsichtnahme in die Belege erfolgen kann. Bereits jetzt weise/n ich/wir darauf hin, dass mir/uns die Belege vollständig und geordnet vorzulegen sind. Weiter bitte/n ich/wir eine Möglichkeit bereitzuhalten, die Belege, soweit notwendig, auch zu vervielfältigen.

Mit freundlichen Grüßen

_____
Datum, Unterschrift

Abs.

_____

Name

_____

Straße

_____

PLZ, Ort

_____

Telefon

_____

Mobil

_____

E-Mail

_____

Datum, Ort

Mängelanzeige für Mietobjekt:

Sehr geehrte(r) Damen und Herren / Frau / Herr _____ ,

ich / wir bin / sind Mieter der im Betreff genannten Räumlichkeiten. Leider habe / n ich / wir folgende / n Mängel / Mangel des Mietobjekts anzuzeigen:

_____

_____

_____

_____

Die Mängel liegen im jetzigen Umfang seit dem _____ vor.

Ich / Wir fordere / n Sie auf, diese / n Mangel / Mängel umgehend oder spätestens zum _____

vollständig zu beseitigen. Innerhalb dieser Frist ist jedenfalls verbindlich mitzuteilen, welche Maßnahmen Sie bis wann zur vollständigen Behebung der Mängel einzuleiten gedenken.

Bis zur vollständigen Beseitigung der beschriebenen Mängel ist die monatliche Miete gemäß § 536 BGB gemindert.

Im Interesse eines einvernehmlichen Miteinanders im Mietverhältnis werde / n ich / wir die monatlichen Mietzahlungen zunächst ungekürzt weiter entrichten. Die Anerkennung einer Rechtspflicht ist damit nicht verbunden. Sämtliche Mietzahlungen erfolgen bis zur vollständigen Beseitigung der beschriebenen Mängel und ihrer Folgen ausdrücklich unter dem Vorbehalt der späteren Rückforderung.

Über eine Durchsetzung der Mietminderung und deren Höhe wird nach Berücksichtigung des weiteren Verlaufs abschließend entschieden.

Mit freundlichen Grüßen

_____

Datum, Unterschrift

Lärmprotokoll

Geführt von: _____

Mietobjekt: _____

Datum	Uhrzeit Beginn bis Uhrzeit Ende der Beeinträchtigung	Beschreibung des Lärms/ der Beeinträchtigung (Ursprung, Art und Intensität)	evtl. Zeugen Name und Unterschrift

_____   _____
Ort, Datum   Unterschrift Protokollant

Heizprotokoll

Vorgelegt von: _____

Mietobjekt: _____

Messpunkt: _____

(Zimmer, Ort der Messung, Beschreibung Messinstrument), unterschiedliche Protokolle für unterschiedliche Messpunkte

Zum Zeitpunkt der Messung waren die Heizkörper seit mindestens _____ Stunden eingeschaltet und die Ventile voll geöffnet.

Messpunkt: Mitte des Raumes auf Stuhlhöhe.

Datum	Uhrzeit	Raumtemperatur in °C	Anmerkungen (z.B. letzte Lüftung zuvor)	Zeugen/Unterschrift

_____   _____
Ort, Datum   Unterschrift Protokollant

Lüftungsprotokoll

Vorgelegt von: _____

Mietobjekt: _____

☐ Während der Durchführung der Lüftung wurden sämtliche Fenster der Wohnung gleichzeitig und vollständig geöffnet.

☐ Während der Durchführung der Lüftung wurden folgende Fenster der Wohnung gleichzeitig und vollständig geöffnet:

Datum	Beginn der Lüftung	Ende der Lüftung	Anmerkungen	Zeugen / Unterschrift

_____   _____
Ort, Datum   Unterschrift Protokollant

Abs. _____

Name _____

Straße _____

PLZ, Ort _____

Telefon _____

Mobil _____

E-Mail _____

Datum, Ort _____

Erinnerung zur Mängelbeseitigung Mietobjekt:

Sehr geehrte(r) Damen und Herren / Frau / Herr _____ ,

gemäß § 535 BGB sind Sie verpflichtet, das vermietete Objekt in einem vertragsgemäßen Zustand

zu halten. Unter anderem mit Schreiben vom _____ hatte / n ich / wir die folgenden Mängel

angezeigt, die ungeachtet der gesetzten und inzwischen verstrichenen Fristen bislang nicht / nicht vollständig beseitigt wurden.

Derzeit sind die Mängel weiter in dem beschriebenen Umfang vorhanden.

_____

_____

_____

Zusätzlich sind inzwischen weitere folgend aufgeführten Mängel hinzugekommen:

_____

_____

_____

Ich / Wir fordere / n Sie erneut auf, sämtliche Mängel umgehend zu beseitigen. Hierfür setze / n ich / wir eine

letzte Frist bis zum _____

Durch die angezeigten Mängel ist der Wohnwert der Wohnung erheblich beeinträchtigt. Gemäß § 536 BGB
ist die Miete daher gemindert.

Derzeit ergibt sich ein Minderungsbetrag in Höhe von_____ Prozent, ausgehend von der geschuldeten

Gesamtmiete in Höhe von monatlich _____ Euro.

Ich / Wir darf / dürfen Sie daher auffordern, hierher innerhalb der oben genannten Frist zu bestätigen,

dass die Miete ab dem _____ bis zur vollständigen Mängelbeseitigung um diese Quote

gemindert ist und Sie mit einer Verrechnung der in der Vergangenheit wegen der Minderung überzahlten

Miete in Höhe von insgesamt _____ Euro mit den laufenden Mietzahlungen einverstanden sind.

Anderenfalls behalte / n ich mir / wir uns vor, auch insoweit anwaltliche Hilfe zur Durchsetzung der Rückzahlungsansprüche in Anspruch zu nehmen.

Wie bereits mitgeteilt, stehen alle laufenden Mietzahlungen bis zur vollständigen Mängelbeseitigung weiter unter dem Vorbehalt der Rückforderung.

Für den Fall, dass auch die vorgenannte Frist fruchtlos verstreicht, behalte / n ich mir / wir uns außerdem ausdrücklich vor, Instandsetzungs- bzw. Vorschussklage zu erheben.

Mit freundlichen Grüßen

_____

Datum, Unterschrift

Abs.

Name _____

Straße _____

PLZ, Ort _____

Telefon _____

Mobil _____

E-Mail _____

_____
Datum, Ort

Bitte um Zustimmung zu baulichen Veränderungen am Mietobjekt:

Sehr geehrte(r) Damen und Herren / Frau / Herr _____ ,

mit diesem Schreiben möchte / n ich / wir Sie darüber in Kenntnis setzen, dass ich / wir beabsichtige / n, ab dem

_____ folgende bauliche Veränderungen in / an der von mir / uns gemieteten Wohnung vorzunehmen:

_____

_____

_____

_____

☐ Die baulichen Veränderungen und ihre Folgen können im Falle einer Beendigung des Mietverhältnisses unproblematisch beseitigt werden, wozu ich mich / wir uns hiermit bereits jetzt verpflichte / n.

☐ Für diese Baumaßnahme bitte / n ich / wir höflich um Genehmigung.

☐ Ich / Wir werde / n die Baumaßnahmen nur durchführen, wenn Sie schriftlich zusichern, dass die Maßnahmen bei Beendigung des Mietverhältnisses nicht rückgängig gemacht werden müssen. Hierum bitte / n ich / wir bis zum

_____

☐ Diese Maßnahme dient der Gewährleistung der barrierefreien Nutzung der Wohnung, entsprechend sind Sie verpflichtet, mir die Genehmigung zu erteilen.

Mit freundlichen Grüßen

_____
Datum, Unterschrift

Abs.

Name

Straße

PLZ, Ort

Telefon

Mobil

E-Mail

Datum, Ort

Vom Vermieter auszufüllen:

☐ Ich genehmige die Baumaßnahme.

☐ Ich genehmige ich die Baumaßnahme mit folgender Maßgabe:

_____

_____

☐ Ich genehmige die Baumaßnahme nicht, aus folgenden Gründen:

_____

_____

_____

Mit freundlichen Grüßen

_____

Datum, Unterschrift

Abs.

Name

Straße

PLZ, Ort

Telefon

Mobil

E-Mail

Datum, Ort

Mietobjekt:

Ihre Eigenbedarfskündigung vom:

Sehr geehrte(r) Damen und Herren / Frau / Herr _____ ,

ich / wir nehme / n Bezug auf die im Betreff bezeichnete Kündigung wegen Eigenbedarfs.

Der Kündigung wird hiermit gemäß § 574 Abs. 1 BGB widersprochen. Weiter wird die Fortsetzung des Mietverhältnisses ausdrücklich verlangt. Die Beendigung des Mietverhältnisses würde aus folgenden Gründen eine Härte bedeuten, welche auch unter Berücksichtigung etwaiger berechtigter Interessen Ihrerseits nicht zu rechtfertigen wäre.

_____

_____

_____

_____

Angemessener Ersatzwohnraum steht mir trotz folgend genannter Bemühungen nicht zur Verfügung:

_____

_____

_____

_____

Mit freundlichen Grüßen

_____

Datum, Unterschrift

Abs.

Name
_____

Straße
_____

PLZ, Ort
_____

Telefon
_____

Mobil
_____

E-Mail
_____

Datum, Ort

Kündigung für Mietobjekt:

Sehr geehrte(r) Damen und Herren / Frau / Herr _____ ,

ich / wir kündige / n hiermit das Mietverhältnis für die Wohnung in der

_____ in _____
Straße, Hausnummer, OG, links, rechts, Mitte   PLZ, Ort

unter Einhaltung der vorgeschriebenen Kündigungsfrist von _____ Monaten zum _____ ,

hilfsweise zum nächstzulässigen Termin.

Ich / Wir bitte / n um schriftliche Bestätigung des Zugangs der Kündigung und des Beendigungstermins.

☐   Ebenso widerrufe / n ich / wir mit Ende des Mietverhältnisses die Ihnen erteilte Einzugsermächtigung
     zur Abbuchung des monatlichen Mietzinses von dem Konto:

IBAN: _____

BIC: _____

Kreditinstitut: _____

Bitte bestätigen Sie ebenfalls schriftlich, dass Sie von der Einzugsermächtigung nach dem oben mitgeteilten Ende des Mietverhältnisses keinen Gebrauch mehr machen werden.

Mit freundlichen Grüßen

_____
Datum, Unterschrift

Abs.

Name

Straße

PLZ, Ort

Telefon

Mobil

E-Mail

Datum, Ort

Kündigung für Mietobjekt:

Sehr geehrte(r) Damen und Herren/Frau/Herr _____ ,

ich/wir kündige/n hiermit das Mietverhältnis für die Wohnung in der

_____ in _____

Straße, Hausnummer, OG, links, rechts, Mitte   PLZ, Ort

außerordentlich fristlos mit sofortiger Wirkung, hilfsweise zum nächstzulässigen Termin.

Ich/Wir bitte/n um schriftliche Bestätigung des Zugangs der Kündigung und des Beendigungstermins.

☐ Ebenso widerrufe/n ich/wir mit Ende des Mietverhältnisses die Ihnen erteilte Einzugsermächtigung zur Abbuchung des monatlichen Mietzinses von dem Konto:

IBAN: _____

BIC: _____

Kreditinstitut: _____

Bitte bestätigen Sie ebenfalls schriftlich, dass Sie von der Einzugsermächtigung nach dem oben mitgeteilten Ende des Mietverhältnisses keinen Gebrauch mehr machen werden.

Die Kündigung wird u.a. auf folgende Gründe gestützt:

_____

_____

_____

Ich/Wir bitte/n Sie, sich umgehend zwecks eines Termins zur Rückgabe der Wohnung mit mir/uns in

Verbindung zu setzen. Sollte dies nicht bis zum_____ erfolgen, wird Ihnen die vollständig geräumte

Wohnung durch Übersendung sämtlicher Schlüssel per Wertbrief/Einschreiben zurückgeben.

Mit freundlichen Grüßen

_____

Datum, Unterschrift

Mietaufhebungsvereinbarung

zwischen

_____

_____

_____
Vorname, Name, Straße Hausnummer, Postleitzahl Wohnort
nachfolgend Vermieter

und

_____

_____

_____
Vorname, Name, Straße Hausnummer, Postleitzahl Wohnort
nachfolgend Mieter

bezüglich des Mietobjekts: _____

_____

_____
(Straße Hausnr., Postleitzahl Wohnort, Etage, links, rechts, Mitte, Wohnungsnr.)

§ 1 Beendigung des Mietverhältnisses

Die Parteien sind sich darüber einig, dass das zwischen ihnen bestehende Mietverhältnis gemäß

Mietvertrag vom _____ über die oben bezeichnete Mietwohnung und etwa damit weiter

zusammenhängende Kellerräume, Stellplätze, Garagen usw. zum _____ beendet wird.

_____

_____

_____

§ 2 Räumung und Übergabe

1. Der Mieter verpflichtet sich, die oben angegebene Wohnung einschließlich der etwaigen weiteren Mietgegenstände bis zum Beendigungstermin zu räumen und an den Vermieter geräumt herauszugeben. Zu diesem Zeitpunkt hat spätestens auch die Übergabe sämtlicher Schlüssel zu erfolgen, die wie folgt aufgeführt werden:

    _____ Haustürschlüssel, _____ Wohnungsschlüssel, _____ Briefkastenschlüssel,

    _____ Kellerschlüssel sowie folgende weitere Schlüssel:

    _____

2. Gerät der Mieter mit der Rückgabe in Verzug, so hat er für jeden Tag eine Nutzungsentschädigung

    in Höhe von _____ Euro an den Vermieter zu entrichten. Die Geltendmachung eines darüber

    hinausgehenden Schadenersatzes bleibt dem Vermieter unbenommen.

3. Die stillschweigende Fortsetzung des Mietverhältnisses durch Fortsetzung des Gebrauchs der Mietsache nach § 545 BGB wird ausdrücklich ausgeschlossen.

§ 3 Zustand bei Rückgabe

☐ Die Rückgabe der Mietsache am _____ erfolgt besenrein.

☐ Der Mieter wird vor Rückgabe der Wohnung folgende Arbeiten durchführen:

_____

_____

_____

☐ Der Vermieter hat die Mieträume am _____ eingehend und umfassend besichtigt.

Auf etwaige Ansprüche des Vermieters wegen Veränderungen oder Verschlechterungen der Mietsache bis zu diesem Zeitpunkt wird durch den Vermieter ausdrücklich verzichtet.

☐ Der Vermieter übernimmt gegen eine Zahlung in Höhe von _____ Euro

die folgenden Einrichtungsgegenstände, welche vom Mieter in die Wohnung gebracht worden sind und dort verbleiben werden:

_____

§ 4 Betriebskosten

1. Der Vermieter verpflichtet sich, spätestens bis zum _____ die offenen

Nebenkostenvorauszahlungen ordnungsgemäß abzurechnen.

2. Bis zu diesem Zeitpunkt behält der Vermieter einen Betrag in Höhe von _____ Euro

von der geleisteten Mietsicherheit ein.

§ 5 Mietsicherheit

Der Vermieter verpflichtet sich, die vom Mieter geleistete Mietsicherheit der folgenden Art

_____ innerhalb von _____ Monaten nach Rückgabe der Wohnung

abzurechnen und (abzüglich etwaiger nach dieser Vereinbarung vereinbarten Einbehalte) an den Mieter auszukehren. Hierfür etwa erforderliche Erklärungen gegenüber Dritten sind innerhalb dieser Frist abzugeben.

§ 6 Entschädigung für den Verlust der Wohnung

Der Vermieter zahlt an den Mieter eine Entschädigung für den Verlust der Wohnung und die damit verbundenen Kosten des Mieters (Umzugskosten, Maklerkosten, neue Mietsicherheit, höhere Miete

am neuen Standort) in Höhe von _____ Euro netto. Der Betrag ist bar gegen Quittung

Zug um Zug gegen Rückgabe der Schlüssel an den Mieter zu leisten.

_____

_____

☐ Der Vermieter zahlt hierauf eine erste Rate in Höhe von _____ Euro bis spätestens zum

_____ auf folgendes Konto des Mieters:

IBAN: _____

BIC: _____

Kreditinstitut: _____

§ 7 Widerspruchsrecht des Mieters

Der Mieter wird ausdrücklich drauf hingewiesen, dass ihm kein Widerspruchsrecht gemäß § 574 BGB zusteht.

§ 8 Räumungsfrist

Der Mieter verzichtet ausdrücklich auf die Einräumung einer über das Vertragsende hinausgehenden Räumungsfrist.

§ 9 Schriftform

Änderungen und Ergänzungen dieser Vereinbarung bedürfen der Schriftform.

_____   _____

Ort, Datum   Unterschrift Mieter

_____   _____

Ort, Datum   Unterschrift Vermieter

Abs.

Name

Straße

PLZ, Ort

Telefon

Mobil

E-Mail

Datum, Ort

Schönheitsreparaturen, Mietobjekt:

Sehr geehrte(r) Damen und Herren / Frau / Herr _____ ,

mit Schreiben vom _____ fordern Sie mich / uns unter anderem zur Durchführung von Schönheitsreparaturen in der im Betreff bezeichneten Wohnung auf. Schönheitsreparaturen werden von mir / uns aus folgenden Gründen nicht geschuldet:

☐ Bei Anmietung der Wohnung war diese nicht frisch renoviert. Nach ständiger Rechtsprechung des Bundesgerichtshofs sind daher Schönheitsreparaturen allein aus diesem Grunde von mir nicht geschuldet. Entsprechende Vereinbarungen im Mietvertrag sind allein deshalb unwirksam.

Unabhängig davon liegt auch keine wirksame Vereinbarung zur Übertragung der Schönheitsreparaturen im Mietvertrag vor. Die entsprechende Klausel ist unter Berücksichtigung der ständigen Rechtsprechung des Bundesgerichtshofs unwirksam, weil sie

☐ starre Fristen enthält,

☐ Ausführungsbestimmungen zur Durchführung der Schönheitsreparaturen enthält,

☐ Arbeiten umfasst, die nicht zu den Schönheitsreparaturen gehören.

Vor diesem Hintergrund habe / n ich / wir Sie aufzufordern, hierher zu bestätigen, dass auch Sie nunmehr davon ausgehen, dass meinerseits / unsererseits keine Schönheitsreparaturen, insbesondere aber nicht die mit oben bezeichneten Schreiben geforderten Arbeiten geschuldet sind.

Für den Zugang einer entsprechenden Erklärung habe / n ich mir / wir uns eine Frist bis zum _____

notiert. Bei fruchtlosem Ablauf der Frist werde / n ich / wir davon ausgehen, dass Sie weiter an Ihren unberechtigten Forderungen festhalten und einen Rechtsanwalt mit der Abwehr der Forderungen beauftragen. Dies wird mit zusätzlichen, dann von Ihnen zu tragenden Kosten verbunden sein.

Mit freundlichen Grüßen

_____
Datum, Unterschrift

Abs.

Name _____

Straße _____

PLZ, Ort _____

Telefon _____

Mobil _____

E-Mail _____

_____
Datum, Ort

Mietobjekt:

_____

Sehr geehrte(r) Damen und Herren / Frau / Herr _____ ,

mit Schreiben vom _____ fordern Sie mich / uns unter anderem zur Leistung von

Schadenersatz auf.

☐   Die von Ihnen benannten Schäden bestehen nicht. Es handelt sich vielmehr um Abnutzungserscheinungen der Mietsache durch vertragsgemäßen Mietgebrauch.

☐   Für die von Ihnen benannten Schäden bin / sind ich / wir aus folgenden Gründen nicht verantwortlich:

_____

_____

_____

Vor diesem Hintergrund habe / n ich / wir Sie aufzufordern, hierher zu bestätigen, dass auch Sie nunmehr davon ausgehen, dass meinerseits / unsererseits keine, insbesondere aber nicht die mit oben bezeichneten Schreiben geforderten Arbeiten geschuldet sind.

Für den Zugang einer entsprechenden Erklärung habe / n ich mir / wir uns eine Frist bis zum _____

notiert. Bei fruchtlosem Ablauf der Frist wird davon ausgegangen, dass Sie weiter an Ihren unberechtigten Forderungen festhalten und ein Rechtsanwalt mit der Abwehr der Forderungen beauftragt. Dies wird mit zusätzlichen, dann von Ihnen zu tragenden Kosten verbunden sein.

Mit freundlichen Grüßen

_____
Datum, Unterschrift

Abs.

Name

Straße

PLZ, Ort

Telefon

Mobil

E-Mail

_____
Datum, Ort

Bitte um Vereinbarung eines Übergabetermins für Mietobjekt:

Sehr geehrte(r) Damen und Herren / Frau / Herr _____ ,

zum _____ endet mein / unser Mietverhältnis. Für die Rückgabe der Wohnung

schlage / n ich / wir Ihnen folgenden Termin in der Wohnung vor: _____

Sollten Sie eine persönliche Übergabe nicht wünschen, werde / n ich / wir die vollständig geräumte Wohnung durch Übersendung sämtlicher Schlüssel per Wertbrief / Einschreiben zurückgeben. Es handelt sich um folgende Schlüssel:

_____

_____

_____

Vorsorglich habe / n ich / wir die Zählerstände bereits am _____ unter Zeugen abgelesen.

☐   Heizung: _____

☐   Gas: _____

☐   Strom: _____

☐   Kaltwasser: _____

☐   Warmwasser: _____

Ich / Wir bitte / n Sie, mir / uns gegebenenfalls die Zählerstände schriftlich zu bestätigen.

Mit freundlichen Grüßen

_____
Datum, Unterschrift

Abs.

Name

Straße

PLZ, Ort

Telefon

Mobil

E-Mail

Datum, Ort

Aufforderung zur Abrechnung der Nebenkosten und der Mietsicherheit Mietobjekt:

Sehr geehrte(r) Damen und Herren / Frau / Herr _____ ,

am _____ habe ich / haben wir das im Betreff bezeichnete Mietobjekt rechtzeitig und

in vertragsgemäßem Zustand zurückgegeben. Das Mietverhältnis ist zwischenzeitlich beendet. Vor diesem Hintergrund habe / n ich / wir Sie aufzufordern, die geleistete Mietsicherheit abzurechnen und zurückzugeben.

Hierfür habe / n ich mir / wir uns eine Frist bis zum _____ notiert.

Ich / Wir weise / n Sie ausdrücklich darauf hin, dass die Abrechnung der Mietsicherheit nach Mietende und Ablauf einer angemessenen Überlegungsfrist geschuldet wird. Ausreichend ist hierfür regelmäßig ein Zeitraum von einem Monat nach Mietende. Die von mir / uns gesetzte Frist berücksichtigt dies ausreichend.

Sollte die Frist fruchtlos ablaufen, werde / n ich / wir einen Rechtsanwalt mit der Geltendmachung der Forderung beauftragen. Die hierdurch entstehenden Kosten wären von Ihnen als Verzugsschaden zu tragen.

Da das Mietverhältnis beendet ist, schulden Sie ebenfalls die Abrechnung der Nebenkosten. Ich bitte / Wir bitten auch diese innerhalb der oben gesetzten Frist vorzunehmen.

Mit freundlichen Grüßen

_____

Datum, Unterschrift